Noureddine Chikouche

Problèmes de sécurité dans les systèmes embarqués

Noureddine Chikouche

Problèmes de sécurité dans les systèmes embarqués

Vérification automatique des protocoles d'authentification des systèmes RFID

Éditions universitaires européennes

Mentions légales/ Imprint (applicable pour l'Allemagne seulement/ only for Germany)

Information bibliographique publiée par la Deutsche Nationalbibliothek: La Deutsche Nationalbibliothek inscrit cette publication à la Deutsche Nationalbibliografie; des données bibliographiques détaillées sont disponibles sur internet à l'adresse http://dnb.d-nb.de.
Toutes marques et noms de produits mentionnés dans ce livre demeurent sous la protection des marques, des marques déposées et des brevets, et sont des marques ou des marques déposées de leurs détenteurs respectifs. L'utilisation des marques, noms de produits, noms communs, noms commerciaux, descriptions de produits, etc, même sans qu'ils soient mentionnés de façon particulière dans ce livre ne signifie en aucune façon que ces noms peuvent être utilisés sans restriction à l'égard de la législation pour la protection des marques et des marques déposées et pourraient donc être utilisés par quiconque.

Photo de la couverture: www.ingimage.com

Editeur: Éditions universitaires européennes est une marque déposée de Südwestdeutscher Verlag für Hochschulschriften GmbH & Co. KG
Dudweiler Landstr. 99, 66123 Sarrebruck, Allemagne
Téléphone +49 681 37 20 271-1, Fax +49 681 37 20 271-0
Email: info@editions-ue.com

Produit en Allemagne:
Schaltungsdienst Lange o.H.G., Berlin
Books on Demand GmbH, Norderstedt
Reha GmbH, Saarbrücken
Amazon Distribution GmbH, Leipzig
ISBN: 978-613-1-58964-5

Imprint (only for USA, GB)

Bibliographic information published by the Deutsche Nationalbibliothek: The Deutsche Nationalbibliothek lists this publication in the Deutsche Nationalbibliografie; detailed bibliographic data are available in the Internet at http://dnb.d-nb.de.
Any brand names and product names mentioned in this book are subject to trademark, brand or patent protection and are trademarks or registered trademarks of their respective holders. The use of brand names, product names, common names, trade names, product descriptions etc. even without a particular marking in this works is in no way to be construed to mean that such names may be regarded as unrestricted in respect of trademark and brand protection legislation and could thus be used by anyone.

Cover image: www.ingimage.com

Publisher: Éditions universitaires européennes is an imprint of the publishing house Südwestdeutscher Verlag für Hochschulschriften GmbH & Co. KG
Dudweiler Landstr. 99, 66123 Saarbrücken, Germany
Phone +49 681 37 20 271-1, Fax +49 681 37 20 271-0
Email: info@editions-ue.com

Printed in the U.S.A.
Printed in the U.K. by (see last page)
ISBN: 978-613-1-58964-5

Remerciement

*J*e tiens tout d'abord à remercier chaleureusement mon encadreur Monsieur **Mohamed Benmohammed**, Professeur à l'université de Constantine, pour tous ses conseils précieux, ses critiques constructives et ses encouragements.

*J*e tiens également à remercier tous les membres de jury, Messieurs : **H. Belouadah, A. Chaoui** et **A. Bilami**, qui m'ont fait un grand honneur en acceptant la valorisation de ce modeste travail.

*J*e remercie également le vice recteur de l'université de M'sila *Prof.* **Ouali Dehimi** qui était très compréhensible, généreux, et tolèrent, et qui n'a pas hésité de m'aider du début jusqu'à la fin du mémoire, je lui en très reconnaissant.

*J*e dois également remercier vivement Messieurs : **Thomas Genet** (IFSIC / Université de Rennes 1, France), **Boichut Yohan** (Labo LIFO, Université d'Orléans, France), **Mathieu Turuani** (Labo Loria-INRIA, Nancy, France) et **Tigran Avanesov** (LORIA - France) pour l'attention qu'ils nous ont accordé et pour les conseils qu'ils nous ont donné durant la préparation du travail.

*M*es remerciements s'adressent aussi à mes collègues de l'université de M'sila, mes collègues de la promotion du magister.

*E*ncore merci a tous,

N.Chikouche

*J*e dédie ce travail à

Mes chers parents,

Ma femme,

Mes filles,

Ma famille,

Mes amis…

TABLE DES MATIÈRES

LISTE DES FIGURES

LISTE DES TABLES

INTRODUCTION

1.1. Cadre du travail

L'utilisation des appareils à systèmes embarqués, tels que : les cartes à puce, le téléphone mobile, le lecteur MP3, PDA, tag RFID est devenue très importante dans la vie moderne. Plusieurs caractéristiques importantes peuvent figurer sur les systèmes embarqués à noter : la limite des ressources informatiques (mémoire, microprocesseur, etc.) et la limiter de la consommation d'énergie, ce qui conduit à limite des primitives cryptographiques utilisées pour sécuriser le système. Certains systèmes embarqués ne sont pas isolés de l'environnement extérieur, ces systèmes sont communicants avec eux-mêmes ou en ligne comme les transactions bancaires, Internet, email, etc. En conséquent, les informations personnelles et privées (e.g. mots de passe, photos, n°compte bancaire) peuvent être attaquées par des intrus dans les différentes couches du système : la couche physique, la couche réseau-transport et la couche application.

Parmi les systèmes embarqués qui ont connu des évolutions rapides au cours des dernières années et qui sont utilisés dans plusieurs domaines (la santé, le transport, le logistique, etc.), on peut parler des systèmes d'identification par radiofréquence (RFID). La communication entre le tag RFID et le lecteur est insécurisée, ce qui le rend ouvert devant toute attaque logique sur les protocoles cryptographiques.

L'objectif des algorithmes de chiffrement et les protocoles cryptographiques (appelé aussi protocoles de sécurité) est d'assurer les propriétés de sécurité : la confidentialité des données, l'authentification des entités, l'intégrité des données, et la non-répudiation des données. Cela nous conduit à poser la question : est-ce que, si l'algorithme de chiffrement est efficace implique que le protocole de sécurité est sûr ?, la réponse est : une bonne cryptographie est nécessaire mais pas toujours suffisante pour de bons protocoles de sécurité. Nous pouvons donner l'exemple suivant : le protocole d'authentification de *Needham-Schroeder Public Key* (NSPK) [NS78] est considéré comme étant sûr pendant dix-huit années ; avant que G. Lowe [Low96] détecte des failles sur ce protocole.

La vérification de la sécurité des protocoles cryptographiques dépend généralement de deux axes complémentaires : la recherche d'une attaque et la preuve d'un protocole sûr. Dans le domaine de vérification automatique des protocoles de sécurité, Il y a plusieurs analyseurs de protocoles, mais la plateforme AVISPA (Automated Validation of Internet Security Protocols and

1

Applications) [ABB+05] est l'analyseur le plus connu qui modélise un grand nombre de protocoles (84 protocoles). L'efficacité de la platforme AVISPA a été testée sur de nombreux protocoles récemment standardisés, par exemple, par l'IETF (Internet Engineering Task Force) et des protocoles du domaine e-business [Rus06]. Aussi, Cette plateforme contient quatre outils d'analyse où chaque outil possède des techniques spécifiques pour la vérification du protocole.

1.2. Objectifs du travail :

❶ Etude de l'état de l'art des techniques et des approches de la modélisation des protocoles cryptographiques.

❷ Acquérir des compétences dans la spécification des protocoles de sécurité avec le langage haut niveau HLPSL [Tea06].

❸ Spécification et vérification des protocoles d'authentification des systèmes RFID. Les propriétés de sécurité vérifiées sont : la confidentialité et l'authentification. Cette vérification se focalise sur le canal de communication tag – lecteur.

❹ Faire une comparaison entre les différents protocoles d'authentification étudiés en terme de complexité des primitives cryptographiques et en terme de la sécurité.

1.3. Plan du travail :

Ce livre est organisé de la façon suivante:

Chapitre I : vérification des protocoles cryptographiques

Dans le chapitre I, nous commençons par une description des notions de base de la cryptographie et des protocoles cryptographiques (appelés aussi : protocoles de sécurité). Nous donnons les différentes primitives cryptographiques qui paraissent importantes, et décrivons les principales propriétés de sécurité. Nous présentons aussi les notations agrées pour décrire les protocoles de sécurité. Nous soulevons les différentes techniques et approches formelles pour la vérification automatique des protocoles cryptographiques. Enfin, nous décrivons les différents outils de vérification, soit ceux qui se basent sur la recherche d'attaque, ou ceux se basant sur la preuve de sûreté du protocole.

Chapitre II : la sécurité des systèmes RFID.

Dans le chapitre II, nous présentons les systèmes d'identification par radio- fréquence (RFID), ses composants, ses applications, les différentes classifications des systèmes RFID et surtout les principales normes de standardisation. Dans ce même chapitre sont exposées les propriétés de sécurité qui peuvent être assurées dans ces systèmes, qu'elles soient classiques ou particuliers. Nous focalisons notre étude sur les attaques qui touchent la couche du protocole (réseau-transport).

Chapitre III : langage de spécification HLPSL et la plateforme AVISPA.

Nous focalisons notre travail dans le chapitre III sur la présentation du langage de spécification HLPSL et la description des quatre outils de la plateforme AVISPA. Nous terminons ce chapitre par une comparaison des outils AVISPA avec des outils de vérification automatique.

Chapitre IV : Contribution : vérification des protocoles d'authentification des systèmes RFID.

Dans le chapitre IV, nous spécifions et vérifions des protocoles d'authentification des systèmes RFID avec la plateforme AVISPA. Pour chaque protocole étudié, nous décrivons le protocole informellement, modélisé avec le modèle Alice-Bob, spécifié en langage HLPSL, et présentons les résultats obtenus de la vérification. Cette vérification est particulièrement pour les propriétés : *confidentialité* et *authentification*. Nous classifions les protocoles selon les primitives cryptographiques exigées dans les protocoles.

Chapitre V : étude comparative

Dans ce dernier chapitre, nous faisons une comparaison entre les protocoles d'authentification étudiés de trois côtés : l'analyse de résultats de la vérification par AVISPA, la comparaison entre les travaux existants et les résultats d'AVISPA et la complexité du tag.

Finalement, nous clôturons ce mémoire par une conclusion et des perspectives, où nous présentons nos remarques concluantes et nos suggestions pour une recherche future.

CHAPITRE I

VÉRIFICATION AUTOMATIQUE DES PROTOCOLES CRYPTOGRAPHIQUES

1. Préface

La sécurité de protocole de cryptographique s'entend en fonction de différentes propriétés (secret de données privées, l'authentification,…, etc.) que le protocole est censé garantir.

Le problème qui se pose dans les protocoles cryptographique est la difficulté de concevoir du protocole. Ainsi, de nombreux travaux et projets visent depuis une vingtaine d'années à élaborer des outils d'analyse et la vérification des protocoles cryptographiques. Vu la difficulté du problème, ces analyses sont généralement menées dans des modèles dits formels, formulés de manière abstraite vis-à-vis de l'implémentation des primitives cryptographiques [Mat07].

4

Nous adoptons dans ce chapitre les travaux de la vérification des protocoles de sécurité par les méthodes formelles présentées dans les travaux [Che03, Cor03, Yoh06, Laf06, Hor07, Mat07, Bla08, Bri08].

2. Principes cryptographiques :

La cryptologie est la science du secret. Il y a deux approches composant la cryptologie: *la cryptanalyse* qui est la science de violer ces secrets et *la cryptographie*. Notre étude s'article, dans ce chapitre, sur cette dernière.

La cryptographie est une étude des techniques dédiée à fournir des services de sécurité (ou propriétés de sécurité) à mettre en œuvre pour la sécurité informatique. Ces propriétés de sécurité sont la confidentialité, l'authentification, la non répudiation, et l'intégrité des données.

2.1. Propriétés de sécurité

Dans cette section, on étudie des propriétés de sécurité classique qui sont vérifiées dans les différentes communications des réseaux.

2.1.1. Confidentialité :

On peut l'appeler aussi *secret*, qui est un mécanisme qui sert à transmettre des données de telle sorte que seul le destinataire (participant honnête) autorisé, puisse les lire.

2.1.2. Authentification :

L'authentification est un mécanisme permettant d'identifier des personnes ou des entités et de certifier leur identité. Au moins deux variantes importantes existent de cette dernière propriété, appelées *authentification faible* et *authentification forte* [Hor07].

La propriété de l'authentification faible exige qu'un agent puisse vérifier l'authenticité d'un message, mais il ne peut pas être sûr que ce message a été émis lors de la session courante. L'intrus peut par exemple le stocker et rejouer lors d'une nouvelle session. Un participant d'un protocole qui satisfait la propriété de l'authentification faible peut donc être sûr que son interlocuteur a participé dans une session du protocole, mais il ne sait pas dans laquelle.

Un protocole qui satisfait la propriété de l'authentification forte donne plus de garanties. Un participant qui exécute un tel protocole peut être sûr que le message en question à été émis dans la session courante par celui qu'il croit être son interlocuteur. Si un intrus lui envoie un message émis lors d'une autre session, il peut le détecter, même s'il a été émis par l'interlocuteur dont il l'attend.

L'authentification admet de nombreuses définitions S. Schneider [Sch97] dresse une liste d'une dizaine de définitions distinctes.

2.1.3. Non-répudiation :

La non-répudiation notifie la possibilité de vérifier que les participants honnêtes (émetteur/récepteur) sont bien les parties qui disent avoir respectivement envoyé ou reçu le message. En autre façon, la non-répudiation de l'origine prouve que les données ont été envoyées, et la non-répudiation de l'arrivée prouve qu'elles ont été reçues.

2.1.4. Intégrité :

L'intégrité est un mécanisme mis pour s'assurer que les données reçues n'ont pas été modifiées durant la transmission.

2.2. Les primitives cryptographiques :

Dans la communication entre les participants ou des machines dans le réseau, les messages créés et transmis souvent appliquées sur eux des primitives cryptographiques. Ces primitives sont essentiellement :

2.2.1. Chiffrement symétrique :

Le principe du chiffrement symétrique, ou chiffrement à clé secrète est : la clé utilise pour le cryptage du texte claire (*plaintxt*) est la même pour décryptage du texte chiffré (*ciphertext*). Le problème se posé dans les algorithmes symétriques est la gestion de clé.

Il existe deux classes d'algorithmes de chiffrement symétrique: chiffrement en continu « *Block-cipher* » et chiffrement par blocs « *Stream Ciphers* ». Les algorithmes principales de type black-cipher sont : DES (Data Encryption Standard), AES (Advanced Encryption Standard), IDEA (International Data Encryption Algorithm), et RC5 (Rivest Cipher). Le chiffrement par bloc, crypter un bloc complet de données à un moment, alors que la taille d'un tel bloc de données est habituellement de 64, 128, 192 ou 256 bits et la transformation de cryptage est fixe.

Exemple: Algorithme AES

L'algorithme AES (Advanced Encryption Standard) et appelé aussi *algorithme de Rijndael*, conçu par Joan Daemen et Vincent Rijmen, et adopté par NIST en 2000. Il permet de crypter de bloc de taille fixe 128 bits, et les clés adaptées dans le chiffrement avec de longueur de 128, 192 et 256 bits. Ceci laisse une grande flexibilité à l'utilisateur d'AES en fonction du niveau de sécurité et de la performance de calcul. Cet algorithme est plus largement utilisé dans les systèmes limités des ressources informatiques (e.g. les systèmes embarqués) par rapport aux autres algorithmes de chiffrement symétriques.

2.2.2. Chiffrement asymétrique :

On peut l'appeler chiffrement par clé publique, dans cet chiffrement, la clé de cryptage et la clé de décryptage sont différentes. Chaque personne possède deux clés distinctes (une privée, une publique) avec impossibilité de déduire la clé privée à partir de la clé publique. On peut utiliser des algorithmes à clé publique en : chiffrement/déchiffrement (cela fournit le secret), signatures numériques (cela fournit l'authentification), et échange de clés (ou des clefs de session).

Ces algorithmes reposent sur des principes mathématiques qui sont : *(1)* basée sur la factorisation de grands nombres (e.g. RSA), *(2)* basée sur les logarithmes discrets (e.g. Diffie-Hellman, ElGamal), *(3)* basée sur les courbes elliptiques (e.g. ECC).

Exemple : Algorithme RSA

Le système RSA est inventé en 1978 par Rivert, Shamir et Adleman. Il est basé sur le problème difficile à résoudre de la factorisation de grands nombres. Comme tous les systèmes de cryptage, RSA est composé de trois algorithmes: un pour la génération de clés, un pour le chiffrement et un pour le déchiffrement. La clé publique K_{pub} est composée de (e, n), et la clé privée K_{priv} est égal à (d, n), tel que $n = pq$ (où p et q sont des nombres premiers), et d calculé par $ed \equiv 1 \bmod ((q\text{-}1)(p\text{-}1))$ tel que d inverse de e dans l'arithmétique mod $(q\text{-}1)(p\text{-}1)$. Une fois les deux clés sont générées, les deux nombres premiers p et q ne sont plus utilisés. Pour crypter un message m on fait le calcul suivent : $E_{K_{pub}}(m) = m^e \bmod n$. pour l'opération d'inverse (i.e. décryptage) on fait le calul suivant : $D_{K_{pri}}(m) = m^d \bmod n$.

2.2.3. Fonction de hachage :

On parle de *"haché"*, ou de *"condensé"* pour designer la caractéristique d'un texte unique. Une fonction de hachage *hash* prend comme entrée une valeur de longueur non bornée et renvoie une valeur de longueur n fixée. La probabilité d'avoir deux messages avec le même haché doit être extrêmement faible.

Depuis les travaux de Diffier Hellman [DH76] en 1976, il a été reconnu que les fonctions de hachage doivent être unidirectionnelles ou à sens unique, c'est-à-dire il est facile de trouver $h(x)$ à partir de x et très difficile de trouver x étant donné $h(x)$. Provoqué formalisation de cette dernière été difficile une deuxième propriété proposée, sans collision *(collision fredom)* c'est-à-dire il est difficile de trouver deux entrées différentes x et x' tel que : $h(x) = h(x')$.

En 1992 Okamoto a proposé une troisième primitive sans corrélation *(correlation freedom)* : une fonction h est dite sans corrélation s'il est difficile de trouver deux entrées différentes x et x' tel que $h(x)$ et $h(x')$ diffèrent uniquement en quelque bits.

Exemple : SHA-1

La fonction de hachage de type SHA-1 (Secure Hash Algorithm) est plus couramment utilisée parmi les fonctions de hachage avec longueur de bloc 160 bits. Il est utilisé dans des protocoles de sécurité tels que : TLS (Transport Layer Security), SSL (Secure Sockets Layer), et IPSec (Internet Protocol Security). Concernant cette fonction, en 2004 une équipe chinoise a trouvé une méthode pour trouver une collision en 2^{69} essais, ce qui a conduit à la publication des nouvelles fonctions de hachage, telles que SHA-256 et SHA-512.

Les autres principales fonctions de hachages sont : MD4 (Message Digest 4) est désignée par Riverst en 1990 avec la longueur de bloc 128 bits, Une collision pour MD4 peut être trouvée en calculant 2^{20} valeurs de hachage. MD5 (Message Digest 5) même longueur que MD4.

3. Protocoles cryptographiques :

Un protocole cryptographique ou protocole de sécurité est un ensemble de règles d'échange entre les participants d'un réseau (entités ou agents), basé sur les notions de crypto-systèmes qui permettent de sécuriser les communications dans un environnement hostile afin de réaliser une certaine fonctionnalité.

3.1. Notations

Pour décrire un protocole, les notations les plus classiques sont celles du type Alice-Bob (ou modèle A-B). Ce modèle est largement utilisé parce que la syntaxe de ce modèle est très simple et intuitive. Le papier de J. Clark et J. Jacob [CJ97] est parmi les premiers papiers agrés ces notations pour décrire les protocoles d'authentification.

La syntaxe de ce modèle est basée sur le fait de fournir la séquence des messages transmis lors d'une session réussie du protocole (voir Table 1.1).

Symbole	Signification
A, B, R , T	Nom d'agent honnête, R : Lecteur ; T : Tag
I	Nom d'agent intrus
m	Message
Nr, Nt	Nonce (nombre aléatoire « frais »)
h	fonction de hachage
,	Concaténation
K	Clé symétrique partagée entre K et T (ou entre A et B)
Kx	Clé publique de l'agent X
ID	Identificateur de tag partagé
{m}_K	Le message m crypté avec K
A → B : m	A envoi un message m à B
I(A) → B : m	L'envoi d'un message m par I se faisant pour A

Table 1.1: Notations

3.2. Les types des protocoles :

Nous présentons différents types des protocoles selon les notions des cryptographies étudiées. D'abord, expliquons brièvement les classes de protocoles utilisées avec nombre borné des participants et assurons des buts spécifiques. Puis présentons les protocoles de groupe et les protocoles à divulgation nulle.

3.2.1. Protocole des buts spécifiques :

Le domaine d'Internet, de carte à puce, de réseau ad-hoc, de réseau de capteur, de réseau sans fil et systèmes RFID ont des buts plus spécifiques relié par l'objectif du protocole et les caractéristiques de réseau.

3.2.1.1. Protocoles d'authentification:

Le protocole d'authentification est un protocole cryptographique qui assure la propriété d'authenticité. Cette authentification est, soit unilatérale ou mutuelle. On cite quelques protocoles largement utilisés dans le monde de communication des réseaux (surtout Internet) : EAP (*Extensible Authentication Protocol*), Kerberos, NSPK, PGP (*Pretty Good Privacy*).

On présente par exemple, le protocole d'authentification *Needham-Schroeder Public Key* (NSPK) [NS78]:

9

A et B disposent des clés publiques, *Ka* et *Kb* respectivement ;

$$A \rightarrow B : \{A,Na\}\_Kb \qquad (1)$$
$$B \rightarrow A : \{Na, Nb\}\_Ka \qquad (2)$$
$$A \rightarrow B : \{Nb\}\_Kb \qquad (3)$$

(1) l'agent A envoie son nom *A* et nonce *Na*. Ce message est chiffré par clé publique de *B*

(2) B reçoit le message {*A*, *Na*}_Kb envoyé par A. Comme il a la clé privée lui permettant d'ouvrir le message, il comprend qu'A veut lui parler et renvoie le nonce Na ainsi qu'un autre nonce *Nb* qu'il vient d'engendrer, le tout chiffré avec la clé publique *Ka* d'agent A. *B* envoie donc à *A* le message {*Na* , *Nb* }_Ka.

(3) A reçoit le message {*Na*, *Nb*}_Ka , le décrypte et reconnaît son nonce *Na* . Elle en déduit que l'agent B lui a répondu et elle lui renvoie son nonce *Nb* crypté avec sa clé publique pour lui signifier qu'elle connaît maintenant le message *Nb* . Elle envoie donc {*Nb*}_Kb .

Donc, quand *A* déchiffre *(2)*, elle vérifie que *Na* est la bonne valeur et en déduit que *B* connaît *Na* et est bien authentifie. *B* fait de même avec *(3)*.

Ce protocole considéré comme étant sûr pendant seize années ; avant que G. Lowe [Low96] a découvert une attaque et a proposé une correction de ce protocole.

3.2.1.2. Protocoles d'échange de clé :

D'autres types de protocoles assurent la confidentialité de clé symétrique générée et partagée par plusieurs participants, tels que : le protocole IKE (*Internet Key Exchange*), TLS (*Transport Layer Security*), et protocole AKA (*Authentication and Key Agreement*). On présente le protocole Diffie-Hellman [DH76] qui été un protocole d'échange de clés entre deux agents A et B. Une variante simple de ce protocole, en trois étapes est présentée ci-dessous :

$$A \rightarrow B : g^{Na} \bmod p \qquad (1)$$
$$B \rightarrow A : g^{Nb} \bmod p \qquad (2)$$
$$A \rightarrow B : \{Nsec\}\_K \qquad (3)$$

(1) A génère le nonce Na et calcule l'exponentiation modulaire de g par Na, g^{Na}, où g et p sont des nombres adaptés à Diffie-Hellman connus de tous les participants. A envoie ensuite le message g^{Na} à l'agent B.

(2) l'agent B génère lui aussi un nonce Nb et calcule g^{Nb} puis K = $(g^{Na})^{Nb}$. Il envoie le premier à A et conserve le second comme clé partagée avec A. Dès que A reçoit le message

g^{Nb} , il est capable de calculer $(g^{Nb})^{Na}$ et il a donc lui aussi la clé partagée. En effet, d'après les propriétés de l'exponentiation modulaire $K = (g^{Na})^{Nb} = (g^{Nb})^{Na}$.

(3) le message $\{Nsec\}\_K$ est envoyé par A à l'agent B avec *Nsec* une donnée qui doit rester secrète entre les agents A et B.

Le protocole de Diffie-Hellman souffre ainsi d'une attaque bien connue de type homme au milieu (*man in the middle*).

3.2.1.3. Les protocoles de vote électronique:

Un tel protocole *e-vote* nécessite au moins les deux propriétés suivantes : vérifiabilité : chacun veut être en mesure de vérifier que son vote a été considéré et que le scrutin final est correct. Anonymat : chacun veut conserver le secret de son vote. Un exemple de ce type de protocole est proposé par Baudron et al. [BFP+01].

3.2.1.3. Les protocoles de signature de contrat :

Les signatures de contrat sur Internet amènent deux problèmes de sécurité, non-rapudiation et l'équité (i.e. garantir qu'aucun participant n'est désavantagé lors de la signature du contrat). Un exemple de protocole de signature de contrat est GJM [GJM99], l'objectif de ce protocole est de parvenir à la signature du contrat distribué à un abus passage libre.

3.2.2. Protocoles de groupes :

La caractéristique importante pour cette catégorie tel que le protocole est défini pour un nombre quelconque d'agents [Yoh06]. Certains protocoles permettent, par exemple, l'établissement d'une clé partagée entre v individus : IKA Cliques-I [STW99]. Ce protocole met en jeu la méthode de Diffie-Hellman que nous avons présentée précédemment pour l'établissement d'une clé commune à tous les agents.

3.2.3. Protocole à divulgation nulle :

Les protocoles de cette classe sont en effet destinés à la preuve de données sans les divulguer (de l'anglais : *zero-knowledge proof*). La première approche de « *zero-knowledge proof*» pratique a été développée par A. Fiat et A. Shamir [FS86] en 1986 et optimisée par L. Guillou et JJ. Quisquater en 1987. Dans les systèmes « *zero-knowledge proof*» le vérifieur n'a pas besoin de secret et le prouveur possède un secret diversifié qui ne met pas en péril l'ensemble du système. Il s'agit d'une méthode très puissante pour authentifier des messages, sans donner la moindre information sur le secret utilisé, car une part est laissée au hasard. On demande au prouveur de résoudre un problème qu'il est seul capable de résoudre, le nombre de réponses possibles étant faible. Le protocole consiste à poser une série de questions pour augmenter la conviction du vérifieur avec le nombre de bonnes réponses données par le prouveur.

4. Modélisation des protocoles de sécurité :

La modélisation des protocoles de sécurité est basée sur modélisation de cryto-system, les messages, les participants, les propriétés vérifiées, les sessions, et l'intrus. Il existe deux modèles de base pour modéliser des protocoles cryptographiques, et qui ont été considérés :

4.1. Modèles cryptographiques

Dans le modèle cryptographique (appelé aussi probabiliste et calculatoire), les preuves de protocoles sont essentiellement manuelles. Le principe de base de ces preuves consiste à faire des preuves par réduction. Ce modèle considère que les messages sont des suites de bits quelconques et les primitives cryptographiques sont des fonctions mathématiques de traitement de chaînes de bits. L'intrus implique de résoudre un problème mathématique connu et considère comme difficile (factorisation de grands entiers, logarithme discret, ...). Les propriétés de sécurité sont définies en termes de la probabilité. Dans ce cadre, on dit qu'une donnée reste secrète si l'intrus ne peut pas connaître, ne serait-ce qu'un bit de la clé sauf avec une faible probabilité. L'inconvénient de ce modèle est qu'il est beaucoup plus difficile d'y prouver des propriétés de sécurité et l'analyse du protocole fait dans une seule session.

Des principaux travaux des modèles cryptographiques sont [GM88] et S. Goldwasser, S. Micali et R. Rivest [GMR84].

4.2. Modèles formels

Un modèle formel (appelé aussi, symbolique) au sens le plus large est un modèle d'ingénierie pour le développement de systèmes (de logiciels) basé sur des concepts logiques et mathématiques rigoureux et bien identifiés. Un model formel définit généralement un ou plusieurs langages (pour la spécification, le développement, etc.) non ambigus et des principes de raisonnement explicites, justifies et vérifiables.

Le principal avantage des modèles formels est qu'ils permettent la construction automatique de preuve et permettent d'obtenir une très forte assurance de l'absence de bogue dans les logiciels, c'est-à-dire d'acquérir des niveaux d'évaluation d'assurance élevés. Cependant, ces modèles nécessitent la formalisation du protocole en formules logiques qui ne reflètent pas exactement le protocole original. Un autre inconvenant des modèles formels qui reste leur manque d'expressivité. En d'autre terme, ils ne permettent en général pas de vérifier des protocoles qui exigent des données sauf des identités, du texte, des nonces ou des clefs. En revanche, la méthode de preuve par réduction a un grand avantage puisqu'elle considère les aspects réels : les moyens des attaquants, les niveaux de sécurité, … etc.

Les premiers modèles formels sont généralement attribues à R. Needham et M. Schroeder [NS78], et à D. Dolev et A. Yao [DY83]. On présenter a d'autres techniques des modèles formels dans la section 5.

4.3. Lien entre modèles cryptographiques et formels :

Comme nous l'avons mentionné, les deux modèles sont indépendants et ont été développés pour la vérification des protocoles de sécurité. Depuis la fin du vingtième siècle, de nombreux travaux [BP04, Lau05, Blan08] voient le jour pour faire le lien entre les modèles cryptographiques et les modèles formels.

Ces travaux justifient les modèles formels en montrant que les attaques découvertes formellement restent vraies dans les modèles cryptographiques et que s'il n'y a pas d'attaques dans les modèles cryptographiques alors il n'y aura pas d'attaques dans les modèles formels sous certaines hypothèses. Ces hypothèses sont : le chiffrement utilisé vérifie la notion de sécurité la plus forte. Par exemple dans la cryptographie asymétrique, les algorithmes de chiffrement satisfaisant la propriété IND-CCA2 (i.e. algorithme de chiffrement sûr contre des attaques adaptatives à texte chiffré choisi). De plus, les protocoles doivent satisfaire certaines restrictions. Ainsi, pour le chiffrement à clé partagée, il ne doit pas exister de cycles de clés (dans lesquels une clé est chiffrée directement ou indirectement par elle-même, comme dans {k}_k ou {k1}_k2 , {k2}_k1) [Zal07].

5. Les techniques des modèles formels :

On présente dans cette section les techniques utilisées pour la vérification des protocoles cryptographiques dans les models formels.

5.1. Modèle Dolev-Yao :

En 1983, Dolev et Yao [DY83] proposent un modèle de l'intrus pour vérifier les protocoles cryptographiques de communications. Ce modèle de base est constitué d'un système de preuve dédié aux protocoles cryptographiques et représente les capacités de l'intrus pour apprendre de l'information, par exemple s'il connaît une clé et un terme il peut crypter ce terme avec cette clé. Nous détaillons les hypothèses faites par le modèle de Dolev-Yao dans la section 7.

5.2. Logique BAN :

La logique BAN [BAN89] a été proposée en 1989 par M. Burrows, M. Abadi, et R. Needham comme un modèle formelle pour analyser des protocoles d'authentification. Comme pour décrire un système formel, on présente d'abord les notations, puis les règles de déduction de la logique BAN. Les notations de la logique BAN décrivent les notions dans le protocole cryptographique. L'outil [KW96] utilise le logique BAN. L'inconvénient de ces logiques est qu'elles ne reposent pas directement sur la sémantique opérationnelle du protocole [PP03].

5.3. Model checking:

Le model checking est un modèle de base, technique automatique pour vérification formelle des systèmes d'état finis. Les pré-requis formalisés sont exprimés comme des formules temporelles de logique et des algorithmes symboliques efficaces sont utilisés pour traiter un modèle du système et du contrôle si la spécification se tient dans ce modèle.

Le problème du model checking est le problème de détermination, si une formule dans un modèle est vraie. Le model checking est basé sur les idées fondamentales suivantes [GT99] :

- Un domaine d'intérêt (e.g. un programme informatique, un système réactif) est décrit par le modèle sémantique.
- Une propriété désirable du domaine (e.g. une spécification d'un programme), il est décrit par une formule logique.
- Le fait qu'un domaine satisfait une propriété désirable (e.g. le fait qu'un programme rencontre sa spécification, qu'un système réactif ne finit jamais en haut dans un état dangereux) il est décidé en vérifiant si la formule est vraie dans le modèle, c'est-à-dire, par model checking.

Exemple : l'approche de G. Lowe [Lowe97] peut être résumée comme suit:

- Modèle d'un protocole dans CSP [Sch97];
- Modèle de l'intrus le plus général qui peut interagir avec le système;

14

- Modèle de la spécification du protocole en tant que de l'ensemble de formule dans une logique temporelle;
- Vérifier avec FDR [Low96], si le système de CSP satisfiable à la formule. Le résultat soit oui ou par une attaque du protocole.

5.4. Approche inductive:

La méthode inductive de Paulson [Pau98] est une illustration typique de la façon dont les théories de prouveurs peuvent aider à étudier la conduite des protocoles cryptographiques. Le raisonnement se tient d'usage général dans l'outil *Isabelle* et d'impliquer les définitions inductives et preuves classiques par induction.

Par rapport au model checking, la théorie de preuve fournit une analyse plus fine, mais à un coût plus élevé, parce qu'elle requiert une assistance humaine et d'effort. Néanmoins, elle est considérée comme un bon complément à la vérification de modèle, notamment parce qu'elle n'est pas restreinte par l'exigence d'un modèle état fini [Bra08].

5.5. Système réécriture, et clause Horn:

L'approche de réécriture est un ensemble des configurations initiales qui sont décrites par un automate d'arbre, les actions autorisées ainsi que les pouvoirs de l'intrus sont un ensemble de règles de réécriture. Genet et Klay [GK00] combinent l'utilisation d'automates d'arbres avec de la réécriture. Le principal inconvénient de cette approche est que les automates d'arbres ne permettent pas de représenter une information relationnelle sur les termes : quand une variable apparaît plusieurs fois dans un message, on oublie qu'elle a la même valeur à toutes ses occurrences dans le message, ce qui limite la précision de l'analyse [Bla08].

Une variante intéressante du modèle de système de réécriture est clauses de Horn, utilisé par exemple dans [Wei99]. L'avantage de ces derniers est que les méthodes de résolution classique peuvent être appliquées. Une difficulté avec ces deux modèles réside dans la manipulation des nonces.

5.6. Algèbres de processus :

Les algèbres de processus sont un ensemble de langages formels permettant de modéliser les systèmes informatiques concurrents, dans notre cas le système est un protocole cryptographique. Un protocole est divisé en rôles et chaque rôle est un processus. Les processus communiquent entre eux grâce à des canaux de communications [Yoh06]. Les deux pionniers des algèbres de processus sont : CSP [Sch97] et spi-calcul [AG99].

CSP (Communicating Sequential Processes) qui permettent de décrire le protocole et l'intrus à l'aide de processus, ne contenant aucune primitive cryptographique.

Spi-calcul agit d'un langage de programmation inspiré du pi-calcul, à l'inverse de CSP, il contient des primitives cryptographiques.

6. Approches de vérification:

Le but principal des outils de vérification automatique des protocoles de sécurité est de spécifier le protocole dans un langage aisément compréhensible et le moins ambigu possible, en indiquant si le protocole spécifié est valide ou s'il y a un risque d'existence de faille. Le problème qui se pose dans la vérification automatique des protocoles de sécurité vient du caractère non borné des paramètres du système à analyser (nombre sessions, nombre participants, la taille des messages, capacités d'un intrus, etc.).

La vérification de la sécurité des protocoles cryptographiques dépend généralement de deux axes principaux: la recherche d'une attaque et la preuve d'un protocole sûr.

6.1. Recherche d'attaque :

Le premier axe de vérification automatique de protocoles cryptographiques a été des découvertes d'attaques à l'aide d'outils d'analyse de protocole [Mea00]. Dans cette approche le nombre de sessions et des participants est borné. Nous présentons une liste non exhaustive et nous décrivons quelques uns de ces outils dans la section 8.2: Casper/FDR [Low97a], Casrul [JRV00], et Aviss [ABB+02].

6.2. Preuve d'un protocole :

Le point faible des méthodes basées sur la recherche d'une attaque est que la question posée concerne l'existence d'une suite de transitions, alors que la correction d'un protocole est une propriété dépendante de toutes les suites de transitions. Les sessions sont bornées dans les outils de recherche d'attaque. Ainsi, s'il n'y a pas détection d'une attaque dans un protocole avec une ou deux sessions, il ne peut pas dire que ce protocole est sûr, parce que c'est possible de trouver des attaques en utilisant quatre sessions et ainsi de suite. Donc dans cette approche l'utilisation du nombre de sessions n'est pas bornée.

Nous présentons une liste non exhaustive et nous décrivons quelques uns de ces outils dans la section 8.2: Athena [Son99], Proverif [Bla01], Securify [Cor02], et Timbuk [GTT03], et TA4SP [ABB+05].

7. Les hypothèses de la modélisation

7.1. Les canaux de communication

On considère le réseau qui est idéale : c'est-à-dire aucun message échangé n'est perdu et tous les messages sont envoyés et reçus instantanément par les agents (i.e. participants). Les canaux de communication sont des moyens de la transmission des messages dans le réseau. Les transmissions des messages dans les canaux de communications sont publics ou privés

- **Publics :** Dans les canaux publics, les messages échangés sont connus par tout le monde, qu'ils soient honnêtes ou pas. Donc l'attaque à cette classe de canaux est possible.

- **Privés :** les canaux privés sont des canaux définis entre certains participants honnêtes. Par conséquent, un intrus ne peut pas donc écouter les messages qui circulent sur ce genre de canaux.

7.2. Les agents

Le protocole de sécurité est un protocole de communication entre des participants, machines, personnes, ou programme, ayant un but de sécurité précis. Donc, un protocole est défini sur un certain nombre de participants, que l'on appelle agent. Celui-ci peut être de deux classes. Un agent honnête est un participant « officiel » du protocole, c'est-à-dire une personne ou un programme ayant un comportement bien précis, prévu à l'avance, et décrit par la spécification du protocole qu'il exécute. Dans l'autre classe c'est un agent malhonnête ou intrus.

7.3. L'intrus

L'intrus est un agent malhonnête (et appelé aussi, attaquant et adversaire), il peut intercepter et remplacer les messages envoyés par les acteurs honnêtes du protocole, et leur envoyer des messages sous une fausse identité.

Les capacités de l'intrus dans le modèle Dolev-Yao sont : l'intrus peut intercepter/bloquer tous les messages, il peut générer des valeurs aléatoires, il peut exécuter plusieurs sessions entrelacées d'un même protocole, il peut déchiffrer un message chiffré s'il a la clé inverse, il peut

17

chiffrer s'il a la clé, il peut envoyer n'importe quel message construit à partir des connaissances qu'il a accumulées, et l'intrus ne fait pas de cryptanalyse. Il existe deux types d'intrus :

7.3.1 L'intrus passif :

L'intrus passif peut uniquement écouter et analyser de messages échangés sur le réseau pour trouver une violation (e.g. décrypte un message avec une clé compromise).

7.3.2. L'intrus actif :

L'intrus actif est un intrus passif avec la possibilité de forger de nouveaux messages et de les envoyer sur le réseau.

Exemple : G.Lowe [Low96] a découvert une faille dans le protocole NSPK de type d'attaque actif. Elle est schématisée comme suite :

```
A → I  : {A,Na}_Ki           (1.i)
I(A) → B  : {A,Na}_Kb         (1.ii)
B → I(A)  : {Na, Nb}_Ka       (2.i)
I → A  : {Na, Nb}_Ka          (2.ii)
A→ I  : {Nb}_Ki               (3.i)
I(A)→ B  : {Nb}_Kb            (3.ii)
```

Alice est le démarrage d'une communication avec un agent corrompu Intrus (elle n'est probablement pas au courant de l'agent endommagé). L'agent Intrus est capable de construire le deuxième message et à usurper l'identité d'Alice à Bob. Ainsi Bob répond et son message est transmis à Alice comme venant de Intrus (étape 2.i et 2.ii). Alice se poursuit comme prévu (étape 3.i), et de nouveau Intrus usurpe l'identité d'Alice à Bob (étape 3.ii). De là à la fin de sa course, Bob estime qu'il parle avec Alice alors qu'en fait il parle avec Intrus. Donc, l'authentification d'Alice à Bob ne tient pas.

G. lowe a proposé la correction suivante au protocole NSPK :

```
A → B  : {A,Na}_Kb          (1)
B → A  : {B, Na, Nb}_Ka     (2)
A→ B  : {Nb}_Kb             (3)
```

J. Millen a découvert une autre d'attaque du type *attaque de confusion* dans le protocole NSPK version de Lowe.

7.4. Chiffrement parfait

Il considère les fonctions mathématiques de chiffrement dans l'hypothèse de chiffrement parfait, comme des « boites noires ». L'hypothèse de chiffrement parfait est : *Un message crypté peut être décrypté uniquement avec la clé inverse.* On peut appliquer cette hypothèse sur le chiffrement symétrique, chiffrement asymétrique, les fonctions de hachage et les nonces.

Pour le chiffrement symétrique, *la clé de cryptage est elle-même la clé de décryptage.*

$$\{\{M\}\_K\}\_K = M$$

Dans le chiffrement asymétrique, *la clé de décryptage de la clé secrète (ou publique).* On note Kp et Kv désignant respectivement une clé publique et sa clé secrète correspondante.

$$\{\{M\}\_Kv\}\_Kp = \{\{M\}\_Kp\}\_Kv = M$$

Pour les fonctions de hachage, l'hypothèse de vérification, que nous considérons comme l'une des hypothèses du chiffrement parfait est : *à partir de h(X), où X une donnée, nous ne pouvons déduire X.*

Concernant les nonces, l'hypothèse, que l'on associe souvent à celle du chiffrement parfait dans le cadre de la vérification de protocoles de sécurité est : *Tous les nombres générés aléatoirement dans toutes les exécutions d'un protocole sont différents deux à deux.*

L'inconvénient de l'hypothèse de chiffrement parfait est que les primitives algébriques tels que *ou exclusif* et *exponentiation modulaire* ne sont pas pris en compte dans l'analyse des protocoles. Pour résoudre ce problème on peut ajouter de théories équationnelles correspondante [AF01, Cor03].

Il existe de nombreux outils automatiques qui vérifier ont les protocoles cryptographiques en prenant en compte les propriétés algébriques tels que : Proverif [Bla01] et Casper [Low97b] qui sont présentés dans les paragraphes suivants, et les outils de projet AVISPA, OFMC [BMV03] et CL-Aste [Tur06] qui sont présentés avec un peu de détail dans le chapitre III.

8. Outils de vérification :

On considère les approches de la vérification formelle qui sont détaillées dans la section 6. On peut distinguer deux catégories d'outils [Cor03]: ceux basés sur la recherche d'attaque (le nombre borné de sessions) et ceux basés sur la preuve des protocoles (un nombre non borné de sessions). Nous allons présenter certains de ces outils avec un peut d'explication.

7.1. Outils basé sur la recherche d'attaque :

Casper/FDR : Cet outil est parmi les premiers outils automatiques utilisés pour analyser des protocoles cryptographiques. Il est basé sur le model-cheking avec FDR. Cet outil a été développé par G. Lowe [Low97a, RSG+00]. Le protocole est spécifié par des processus (modèle état -transition) CSP [Sch97].

G. Lowe [Low96] a découvert une attaque sur le protocole de Needham-Schroeder par le model-checking avec FDR, qui permet d'en proposer une nouvelle version.

Casrul. Cet outil, développé par *Jacquemard et al.*[JRV00], permet de chercher des attaques pour un nombre de sessions et de participants borné. C'est l'outil qui permet de traiter les messages dans toute leur généralité : les clefs composées sont supportées et les messages n'ont pas besoin d'être typés. Les protocoles sont décrits sous forme de règles de réécriture. Les règles de réécriture engendrées peuvent être utilisées pour détecter des failles avec de nombreux systèmes : démonstrateurs en logique du premier ordre, model-checkers, ou explorateurs d'états basés sur SAT.

AVISS. L'AVISS (Automated *Verification* of Infinite State Systems) [ABB+ 02] est une plateforme qui traduit les protocoles en un langage commun à trois outils de vérification (OFMC, Atse, SATMC). L'utilisation commune de ces trois logiciels permet de retrouver de très nombreuses attaques déjà connues (la majorité de celles mentionnées dans [CLA 97]).

7.2. Outils basé sur le Preuve :

Athena. l'outil Athena [Son99] combine les technique de *model-checking* et de *theorem-proving* avec un modèle *Strand space* pour détection d'une attaque ou prouver automatiquement la validité du protocole avec réduction de l'espace de recherche.

Securify. L'outil Securify [Cor02] a évolué dans le cadre de projet EVA (Explication et Vérification Automatique). L'objectif de Secrefy est de vérifier la propriété du secret pour des protocoles cryptographiques considérant que le nombre de session, la taille de message, le nombre de participants et le nombre de nonce ne sont pas bornés. Le protocole est écrit en langage de spécification EVA est qui défini par D. Le Métayer et F.Jacquemard [MJ 01].

Proverif. est un outil de vérification de protocole de sécurité basé sur le pi-calcul appliqué, développé par Bruno Blanchet [Bla01]. Cet outil est utilisé pour prouver les propriétés de sécurité : secret, secret forte, et authentification de différent protocoles. Il peut gérer un nombre illimité de sessions du protocole et d'un espace message sans bornes. Dans Proverif les protocoles y sont exprimés sous forme de règles Prolog. Un avantage d'utiliser ProVerif comme outil de certification est qu'il est un des modèles à un attaquant qui est conforme au modèle Dolev Yao automatiquement. Nous n'avons pas besoin de modéliser explicitement l'attaquant.

S^3A *(Spi calculus Speci fications Symbolic Analyser).* [DSV03], est un outil entièrement automatique de logiciels pour l'analyse formelle des protocoles cryptographiques qui réduit la vérification de secret et de propriétés d'authenticité à des contrôles de test d'équivalence entre les spécifications. S3A effectue ces contrôles automatiquement, par l'exploration en état exhaustif. Le langage de spécification est Spi calculs [AG99], une algèbre de processus qui découle de calcul *pi* avec quelques simplifications et l'ajout de primitives cryptographiques. Spi calcul a deux éléments basiques de langage, termes pour représenter des données, et processus, pour représenter les comportements.

Timbuk. Cet outil permet de calculer une approximation d'un ensemble de messages reconnaissable par un automate d'arbre, modulo des règles de réécriture. Cet outil a permis de vérifier une propriété autre que le secret.

21

CHAPITRE II

LA SÉCURITÉ DES SYSTÈMES RFID

Parmi les systèmes qui ont connu des évolutions rapides au cours des dernières années et qui utilisés dans plusieurs applications (la santé, le transport, le logistique,…etc.), on peut citer ceux d'identification par radiofréquence (RFID); mais le problème qui reste toujours posé dans les systèmes communicants est la sécurité. La communication entre le tag RFID et le lecteur est insécurisée, ce qui le rend ouvert devant les attaques logiques sur le protocole cryptographique.

Ce chapitre est divisé en quatre sections: la section 1 consiste à définir un système RFID ainsi que ses composants, ses applications et les normes plus publiques. La section 2 présente la complexité d'implémentation des différents primitives cryptographiques (chiffrement symétrique, asymétrique et fonction de hachage) et algébriques (ou exclusif) dans les tags RFID. Dans la section 3 on étudie des propriétés de sécurité qui vérifier dans les systèmes RFID soit, classique ou, spécifique. La section 4 consiste à décrire les attaques possibles sous la couche des protocoles.

1. Les systèmes RFID:

L'identification par radiofréquence (RFID) est une technologie sans contact, cette technologie permet d'identifier un objet, d'en suivre le cheminement et d'en connaître les caractéristiques à distance grâce à une étiquette émettant des ondes radio. Le système RFID se compose de: *(1)* le tag (l'étiquette, transpondeur), *(2)* le lecteur *(3)* et le serveur (base de données, back-end) [SS07].

- Le tag se constitue d'une puce qui stocke les données et une antenne qui assure la communication entre le tag et le lecteur par radiofréquence.
- Le lecteur, est un appareil qui communique sans fil avec des tags pour identifier l'élément connecté. Le lecteur est en général fait d'un émetteur récepteur radiofréquence, d'un module de commande et d'un élément de couplage qui permet d'interroger les tags électroniques au moyen d'une communication par radiofréquence. Cette communication permet au lecteur de lire un tag passif à petits ou moyens distances et une étiquette active à petites ou grandes distances.
- Le serveur est un sous-système de traitement des données qui utilise les données obtenues de lecteur à des fins utiles.

Le mécanisme de travail de ce système est défini comme suit : le lecteur RFID envoie un signal à radio sur une fréquence déterminée, le tag qui se trouve dans le champ d'action du lecteur utilise ce signal sous forme d'énergie, cette énergie alimente la puce ce qui permet de renvoyer les informations qu'elle contient.

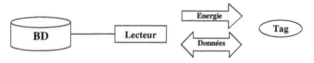

Figure 2.1: Le système RFID

1.1. Les catégories des RFID :

Dans la classification des systèmes RFID, on peut trouver plusieurs facteurs. On peut citer les classements suivants :

23

1.1.1. Energie :

Le tag peut être actif ou passif. La plupart des tags – actifs et passifs – émettent seulement lorsqu'un lecteur les interroge. Le type de tag utilisé et les données que celui-ci contient dépendent de l'application. La table 2.1 illustre la comparaison entre les deux types des tags RFID.

    a. **Passif :** Un tag passif capte son alimentation à partir du signal d'interrogation d'un lecteur.

    b. **Actif :** Un tag actif comporte une source d'alimentation (comme une pile) et émet un signal RF.

    c. **Semi-pasif :** le tag semi-passif est similaire à l'état actif, cependant la batterie est utilisée pour faire traiter les données, mais pas pour transmettre un signal au lecteur. Certaines étiquettes semi-passives sont en veille jusqu'à ce qu'elles soient activées par un signal provenant du lecteur, afin de conserver l'autonomie de la batterie. Ces tags sont parfois appelés tags assistés par batterie.

Caractéristique	Tag passive	Tag active
Source d'énergie	Fourni par le lecteur	
Force du signal (lecteur → tag)	Haut	Faible
Force du signal (tag → lecteur)	Faible	Haut
Range de communication	< 3 mètres	> 100 mètres

Table 2.1 : Comparaison entre les tags passif et actif

1.1.2. Radio fréquence :

Les systèmes RFID nécessitent le régalage des fréquences utilisées entre le tag et le lecteur pour permettre la communication entre les entités. Les systèmes RFID utilisent différentes fréquences pour communiquer, mais parce que les ondes radio réagissent différemment selon les gammes de fréquences, une fréquence pour un système RFID dépend souvent de l'application. Dix de ces fréquences [RFI] sont définies et sont présentées tableau 2.2.

Bande de fréquence	Description	Exemples d'applications
< 135 KHz	Bas fréquence (LF)	Identification animal Contrôle d'accès
6.765 .. 6.795 MHz	Haute fréquence (HF)	Contrôle d'accès Carte à puce sans contact Antivol électronique
7.400 .. 8.800 MHz	Haute fréquence (HF)	
13.553 .. 13.567 MHz	Haute fréquence (HF)	
26.957 .. 27.283 MHz	Haute fréquence (HF)	
433 MHz	Ultra haute fréquence (UHF)	Chaîne logistique Péage automatique
865 .. 870 MHz	Ultra haute fréquence (UHF)	
902 .. 928 MHz	Ultra haute fréquence (UHF)	
2.400 .. 2.483 GHz	Super haute fréquence (SHF)	
5.725 .. 5.875 GHz	Super haute fréquence (SHF)	Péage automatique Bagage aéroport Suivi véhicule rail

Table 2.2: Les classes des fréquences de RFID [RFI]

1.1.3. Type de mémoire :

Une autre classification est basée sur la caractéristique des types de mémoire. La mémoire d'un transpondeur comprend généralement une ROM (Read Only Memory) contenant les informations de sécurité ainsi qu'une partie résidente du système d'exploitation, et une RAM (Random Access Memory) qui présente l'endroit où s'exécutent les programmes. Le stockage des données peut être réalisé selon trois manières différentes: *(1)*

a. **EEPROM** (*Electrically Erasable Read Only Memory*), les mémoires à effacement et re-programmation par application d'une tension électrique, les tags RFID comporte EEPROM sont conformes aux normes ISO / IEC 15693 et ISO / IEC 18000-3 Mode 1 pour les applications de traçage.

b. **FRAM** (*Ferroelectric Random Access Memory*)**:** Avec cette nouvelle technologie, la consommation d'énergie est moins 100 fois par rapport à la technologie EEPROM peuvent être atteints. La réduction du temps de retard, est aussi moins d'un facteur 1000.

c. **SRAM** (*Static Random Access Memory*)**:** notamment dans les systèmes à micro-ondes RAM statiques sont utilisés pour le stockage de données avec très peu de cycles d'écriture, ainsi elles sont très rapides et ne nécessitent pas de rafraîchissement, par contre, la mémoire de type DRAM (Dynamic RAM). Les SRAM ont une consommation d'énergie permanente, donc ne peuvent être utilisés qu'est avec des tags actifs.

1.2. Les Applications de RFID:

Les applications de la RFID peuvent être utilisées dans les entreprises, par les individus ainsi que par les états. Ce système est exploité dans plusieurs domaines : le transport, la sécurité, la santé, la bibliothèque, et la logistique qui sont autant des domaines dans lesquels cette technologie existe déjà et apparaîtra dans le futur [SS07, Jou].

1.2.1. Le paiement : le paiement est un des défis importants de la RFID. Parmi les applications de la RFID dans ce domaine, le modèle Pidion BIP-1300 se présente comme un PDA durci, qui accepte des techniques de paiement diverses, comme les cartes bancaires à puce ou à bande.

1.2.2. Transport : Une des applications les plus connues et les plus démocratisées de la technologie RFID reste la carte de transport sans contact. L'usager du métro passe sa carte sur une base (généralement apposée à des tourniquets d'accès), qui l'authentifie, valide son titre de transport, et lui donne accès au réseau. 3,4 millions de titres de transport sans contact circulaient en juin 2008 sur le réseau de transport en commun parisien de la RATP. Ce système fonctionne également dans des villes telles que Londres, Helsinki ou encore Tokyo.

1.2.3. Bibliothèques : Certaines bibliothèques ont mis en place un système d'IRF pour faciliter l'emprunt de livres, contrôler les stocks et réduire les traumatismes répétés chez les bibliothécaires. Cependant, les préoccupations au sujet de la surveillance des livres choisis ont mis au jour les problèmes de protection de la vie privée relatifs à l'IRF.

1.2.4. Contrôle d'accès : L'identification des individus passe aussi par l'authentification des papiers d'identités. Le RFID est alors un moyen qui d'une part, s'assure de la validité des documents, mais aussi, il s'assurer que les informations contenues dans le passeport le sont également d'un point de vue numérique. Il est à noter que des questions de sécurité importantes se posent quant à la l'intégrité des données contenues dans les tags RFID des passeports.

1.2.5. La santé : les systèmes RFID sont utilisés dans certains hôpitaux pour suivre l'emplacement d'un patient, et fournir un suivi en temps réel de la localisation des médecins et des infirmières. En outre, le système peut être utilisé pour suivre les allées et venues du matériel coûteux et critique, et même de contrôler l'accès aux médicaments, à la pédiatrie, et à d'autres secteurs de l'hôpital qui sont considérés comme zones à accès limité.

1.2.6. Implantation des tags RFID : Le suivi et le contrôle des patients peuvent également s'effectuer à travers de puces RFID implantées dans le corps humain de manière sous cutanée. Par exemple, la société Verichip [Ver], produit et commercialise une puce implantable pour identifier les patients en situation d'urgence.

1.2.7. Identification animalière : L'identification des animaux par la technique tag RFID est déjà utilisée. Les applications varient de l'identification d'animaux de compagnie fugitifs, au suivie du bétail depuis les pâturages au congélateur de l'épicier. Divers organismes utilisent le traçage d'animaux pour contrôler des vaches, des porcs, des chats, des chiens et même les animaux aquatiques pour contrôler les propagations de maladies animales comme la grippe aviaire ou la maladie de la vache folle.

1.2.8. Le RFID et la logistique : Un des secteurs d'activité dans lequel la technologie RFID est utilisée depuis plus longtemps est celui de la logistique. Les codes à barre ont été remplacées par les tags RFID, et ce dans des domaines aussi divers que la fabrication de médicaments, ou encore ici dans celui de la gestion de containers maritimes. L'avantage de la RFID est ici déterminant, puisque la fréquence d'onde permet de repérer des tags à plusieurs centaines de mètres. Cela permet par exemple d'effectuer des inventaires et de surveiller les containers en temps réel.

1.2.9. Shooping : Dans les commerces de détail, les consommateurs peuvent vérifier par laminage caddies à travers les terminaux de vente. Ces terminaux peuvent automatiquement étiqueter la marchandise, calculer le coût total, et même l'activation du paiement numérique et de transmettre le reçu sur leur téléphone mobile du client. Les consommateurs pourraient retourner la marchandise sans reçu. Tags RFID agiraient comme des indices dans la base de données des dossiers de paiement, et aiderai les détaillants à suivre l'historique des articles défectueux ou contaminés.

1.3. Normes RFID:

Les principaux organismes de normalisation en ce qui concerne la communication entre les tags et les lecteurs dans les systèmes RFID sont :

1.3.1. ISO :

L'ISO (Organisation internationale de normalisation) est le plus grand producteur et éditeur mondial de normes internationales. Les normes internationales ISO/IEC pour des systèmes RFID sont :

- *ISO 14443 :* la norme ISO 14443 décrit la spécification et les paramètres de cartes d'identification, cartes à circuit(s) intégré(s) sans contact, et cartes de proximités et de proximité fonctionnant à la fréquence 13,56 MHz, avec une distance de fonctionnement maximale de 15 centimètres. Cette norme comprend les parties suivantes : *(1)*

Caractéristiques physiques, *(2)* Interface radio fréquence   et des signaux de communication, *(3)* Initialisation et anticollision, et *(4)* Protocole de transmission.

- *ISO 15693 :* cette norme décrit les cartes de voisinage (VICC : *Vicinity Integrated Circuit Cards*) et les lecteurs associés (VCD : *Vicinity Coupling Device*). La carte VICC fonctionnant à la fréquence 13,56 MHz, avec une distance maximale de fonctionnement de 1 à 1,5 mètres.

- *ISO 18000 :* il existe toute une série de nouvelles normes sur le thème de la gestion d'objets. La norme ISO 18000 est actuellement composée de sept parties pour définir l'interface air. La norme ISO / CEI 18000 série de normes ne portent que sur le protocole d'interface de l'air et ne sont pas concernés par le contenu des données ou la mise en œuvre physique des tags et des lecteurs.

1.3.2. EPC Global:

La technologie EPC (*Electronic Product Code*) [EPC] contient les renseignements du fabricant, le type de produit, et un numéro de série unique pour identifier chaque élément individuel. Sans aucune doute, le déploiement des EPC sur toutes sortes de marchandises invoquera l'influence toujours plus grande sur le marché mondial global. Ce code est identifiant unique à partir duquel il est possible de récupérer des informations contenues dans des bases de données distribuées sur Internet.

En 2007, EPCglobal Inc vient de publier un nouveau standard EPCIS (Electronic Product Code Information Services) permettant aux entreprises de partager leurs données de façon transparente. Chaque maillon de la chaîne logistique devrait pouvoir ainsi publier et mettre à jour automatiquement les données de traçabilité à chaque point de lecture. Le standard EPCIS vise à accroître le potentiel de visibilité sur les flux de marchandises et fournir la base nécessaire à la mutualisation des données.

2. Implémentation des primitives cryptographiques et algébriques :

Dans cette section on étudie la complexité des implémentations de primitives cryptographiques exigées, qui devrait être la plus faible possible pour maintenir le nombre requis des portes logiques, d'où le coût du tag, i.e. complexité du tag, sera aussi faible.

2.1. Chiffrement symétrique :

Pour les systèmes RFID, on peut choisir deux exemples de chiffrement à clé symétrique par bloc. Le premier est le Advanced Encryption Standard (AES). Le matériel d'implémentation de AES prend un nombre d'ordre 20.000 à 30.000 portes logiques [Weis07], ce qui est en contradiction avec le principe de limitation des ressources utilisées par les tags à faible coût. Quelques années plus tard, une mise en œuvre efficace de cryptage AES a été réalisée par Feldhofer et al. [FWR05] en utilisant environ 3400 portes logiques (avec une fréquence d'horloge maximale estimée à 80MHz, la consommation d'énergie 8.2 µA @ 100kHz, et le débit maximal 9.9 Mbps). Le deuxième algorithme est implémenté sur le tag par Lim et al. [LLYC09], qui ont minimisé les portes logiques exigées jusqu'à 2,608 (avec une fréquence d'horloge maximale estimée à 125MHz, la consommation d'énergie 4.3 µA @ 100kHz, et le débit maximal 235 Mbps). Cet algorithme est appelé HIGHT.

2.2. Chiffrement asymétrique :

La complexité de la cryptographie asymétrique est importante. Par exemple, ECC (Elliptic Curve Cryptosystem) nécessite moins de portes pour la mise en œuvre de RSA (Ron Rivest, Adi Shamir et Leonard Adleman) basé sur la cryptographie à clef publique. Une mise en œuvre de ECC-256 est possible avec moins de 10000 portes, alors que pour RSA exige environ 50000 portes logiques (à la fois la complexité d'une version optimisée). La cryptographie asymétrique est utilisée dans des domaines étroits dans les systèmes RFID (e.g. e-passeport [GKJ08]).

2.3. Fonction de hachage :

Pour les complexités des fonctions de hachage cryptographique standards dans les circuits intégrés du type ASIC (Application-Specific Integrated Circuit) qui sont : Fast SHA-256 et qui ont besoin d'environ 23.000 portes logique (avec une fréquence d'horloge maximale estimée à 150MHz et le débit 1163 Mbps), la fonction de hachage Fast SHA-1 a besoin d'environ 20.000 portes logiques (avec une fréquence d'horloge maximale estimée à 150MHz avec le débit 937 Mbps), et la norme MD5 exige d'environ 16.000 portes logique (avec une fréquence d'horloge maximale estimée à 145MHz avec le débit maximale 1140 Mbps) [Hel09].

Yüksel [Yuk04] a présenté l'implémentation de faible coût des fonctions de hachage, en utilisant seulement 1700 portes logiques sous forme de blocs de taille 64 bits (avec une fréquence d'horloge maximale estimée à 100 MHz).

2.4. Les nonces.

Dans [And08], nonce est une abréviation de "number used once", Il est souvent aléatoire ou pseudo-aléatoire émis dans un protocole d'authentification pour s'assurer que les communications âgées ne peuvent pas être réutilisées dans les "attaques de rejeu". Pour les systèmes RFID, les nonces sont générés par un algorithme appelé générateur de nombres pseudo-aléatoires, (PRNG : *PseudoRandom Number Generator*).

Le PRNG qui peut être mis en oeuvre par exemple en introduisant une fonction de hachage de clé, e.g. HMAC [Tsu06].

2.5. Ou exclusif (xor) :

Le primitive «ou exclusif » dénoté par *xor* et le symbole ⊕, est utilisé dans nombreux importants protocoles cryptographiques et dans des domaines différents, comme le protocole WEP (*Wired Equivalent Privacy*) pour les réseaux sans fil, il permet de protéger les échanges de données lors de communication wifi. Il existe nombreux importants des protocoles d'authentification dans les systèmes RFID qui exigent l'opérateur xor (voir chapitre 4).

Les caractéristiques de l'opérateur *xor* sont : *(C1)* d'associativité, *(C2)* de commutativité, *(C3)* l'existence d'un élément neutre 0 et *(C4)* nilomètre.

$$(x \oplus y) \oplus y = x \oplus (y \oplus z)......(C1)$$
$$x \oplus y = y \oplus x.........................(C2)$$
$$x \oplus 0 = x...............................(C3)$$
$$x \oplus x = 0...............................(C4)$$

A propos de l'utilisation de cette primitive au niveau des tags RFID, les opérations *bitwise* (e.g. ET, XOR), qui peuvent être mises en oeuvre avec un nombre limité de portes logiques.

3. Propriétés de sécurité :

Dans cette section, on étudie des propriétés de sécurité qui sont vérifiées dans les systèmes RFID. On peut classer ces propriétés en deux familles : la première, sont des propriétés qui sont vérifiées dans tous les domaines de sécurité. Et la deuxième est particulière pour les systèmes RFID.

3.1. Propriétés classiques :

Les propriétés de sécurité classiques sont bien détaillées dans le chapitre I section 2.1 page 06, on peut résumer son application dans les systèmes RFID de la façon :

3.1.1. Confidentialité : Pour RFID, la vérification que la clé secrète (K), et/ou l'identificateur du tag (ID), ne soit jamais transmise en clair sur l'interface radiofréquence qui peut être espionnée.

3.1.2. Authentification : A propos du système RFID, il existe deux entités d'authentification qu'il faut vérifier et qui sont :

- L'authentification du tag: Un lecteur doit être en mesure de vérifier un tag correct pour authentifier et identifier un tag en toute sécurité.
- L'authentification du lecteur: Un tag doit être en mesure de confirmer qu'il communique avec le lecteur correct.

3.1.3. Non-répudiation :

Concernant RFID, les menaces de répudiation [DCW06] se produisent lorsqu'un utilisateur refuse une action et aucune preuve n'existe pour prouver que l'action a été réalisée.

3.1.4. Intégrité : Si un adversaire modifie des données d'une étiquette légitime alors que les données sont en transit, le lecteur devrait être en mesure de détecter cette modification. Pour détecter cette modification, un message transmis de balise doit inclure le code d'authentification de message (MAC) ou de la valeur de hachage du message [LH06].

3.2. Propriétés spécifique:

Les tags RFID peuvent poser des risques de sécurité et de protection de la vie privée pour les organisations et les individus. Dans cette section on étudie les propriétés spécifiques qui touchent la vie privée. Ces propriétés concernant la non-traçabilité et la résistance à la désynchronisation.

3.2.1. Non- traçabilité :

Un protocole assure la propriété non-tracabilité (en anglais *untraceability*) pour les tags, si l'adversaire ne peut pas permettre de le tracer. C'est-à-dire de reconnaître l'objet dans des lieux différents ou à des instants différents. On considère la notion de non-tracabilité qui est définie formellement en [DMR08].

3.2.2. Résistance à la désynchronisation:

L'exécution d'un protocole d'état RFID se termine souvent par la mise à jour des informations partagées du lecteur et du tag. Un adversaire peut tenter de perturber la communication entre le lecteur et le tag affectant la mise à jour simultanée des deux agents. Un mauvais protocole ne permettra pas aux agents de se remettre de cette perturbation et le lecteur et l'étiquette seraient dans un état de désynchronisation: ils ne seront plus en mesure de communiquer efficacement les uns avec les autres. Nous appelons un protocole qui n'est pas vulnérable à ce type d'attaque 'la résistance à la désynchronisation' [DMRP09].

Cette propriété est vérifiée dans le cas où la clé partagé ou l'identificateur (ID) est modifié pendant l'authentification.

4. Attaques contre système RFID:

Avant de décrire les modèles de menace. On mentionne qu'il existe plusieurs papiers présentant les attaques possibles contre le système RFID, tel que Mitrokotsa et al. [MRT08]. Dans notre étude, on considère des attaques qui touchent la couche du protocole (i.e. couche réseau-transport) seulement. Pour concevoir un protocole sécurisé dans le système RFID, les modèles de menace suivants doivent être assumés. Et le protocole conçu doit satisfaire les propriétés de sécurité contre les attaques des modèles ci-dessous.

4.1. Attaque conte tag RFID :

Attaque par rejeu: l'attaques par « **rejeu** » (en anglais « *replay attaque* ») est un attaque de type « Man in the middle ». C'est cela, l'adversaire peut écouter le message de réponse du tag et le lecteur, et l'adversaire retransmet le message sans modification écouté au lecteur à quelque temps ultérieur. C'est-à-dire les retransmettre tels quel (sans aucun déchiffrement) au lecteur.

Attaque d'usurpation: l'attaque d'usurpation ou l'attaque du *spoofing*, dans ce type d'attaque, un adversaire personnifie un tag RFID valide afin de se bénéficier de ses privilèges. Cette usurpation exige un accès plein aux mêmes canaux de communication tel que le tag original.

4.2. Attaque contre lecteur RFID :

Usurpation d'identité: compte tenu du fait que, dans de nombreux cas de communication RFID n'est pas authentifié, les intrus peuvent facilement usurper l'identité (traduction de l'anglais

Impersonation) d'un lecteur légitime dans le but d'obtenir des informations sensibles ou modifier des données sur les tags RFID.

L'écoute clandestine: la technologie RFID sans fil permet à l'écoute clandestine d'être l'une des menaces les plus dangereuse dans le domaine des attaques. Dans l'écoute clandestine (traduction de l'anglais *Eavesdropping*), une personne non autorisée utilise une antenne afin d'enregistrer les communications entre les tags RFID et lecteurs légitimes. Ce type d'attaque peut être effectué dans les deux sens: tag-lecteur et lecteur-tag.

Le lecteur transmet l'information à des niveaux plus élevés que les tags, le système est plus sensible à ce type d'attaques quand la distance est plus grande et par conséquent, à un degré plus élevé. Les informations enregistrées peuvent être utilisées pour effectuer des attaques plus sophistiquées. La faisabilité de cette attaque dépend de nombreux facteurs, tels que la distance de l'adversaire et composants légitimes du RFID (lecteur et tag).

CHAPITRE III

LANGAGE DE SPECIFICATION *HLPSL* ET LA PLATEFORME *AVISPA*

Rappel :

Les logiques temporelles permettent de représenter et de raisonner sur certaines propriétés de sûreté des systèmes. En ce sens, elles sont bien adaptées à la spécification et à la vérification des systèmes réactifs et concurrents [Bru98].

La logique temporelle est un langage de spécification formel basé sur la logique propositionnelle avec extension. Cette logique est définie sur un ensemble de propositions atomiques. Ces propositions atomiques sont connectées par un certain nombre de connecteurs booléen (:,^,_,),,). La logique temporelle intègre de nouveaux connecteurs qui expriment la notion du temps.

On distingue deux catégories principales des logiques temporelles : (*1*) logique du temps linéaire (LTL et extensions) et (*2*) logique du temps branchant (CTL, CTL*, μ-calcul). Ce qui nous concerne dans ce travail c'est la classe LTL.

La logique temporelle linéaire ou *LTL « Linear-time Temporal Logic»* permettant de représenter le comportement des systèmes réactifs au moyen des propriétés qui décrivent l'évolution du système pour lesquels le temps se déroule linéairement [Bru98].

1. La langage de spécification HLPSL :

HLPSL (High Level Protocol Specification Language) [CCC+04, Tea06, Boi06] est un langage formel de spécification modulaire, expressif et est basé sur des descriptions de rôles. Il supporte des primitives cryptographiques différentes (Clés symétriques et asymétriques, les fonctions de hachage) et de leurs propriétés algébriques (ou exclusif, exposant). Le but de ces spécifications étant de pouvoir vérifier des propriétés de sécurités, l'authentification et la confidentialité.

L'idée principale est de représenter un système (ici un protocole cryptographique) par un système d'états/transitions pour lequel il est possible de vérifier des propriétés de sécurité exprimées en logique temporelle linéaire (LTL). Des transitions (ou des règles) définissent le comportement du protocole de sécurité, et ainsi, à partir de l'état initial, nous sommes capables d'énumérer les états atteignables (i.e. les connaissances accessibles par l'intrus) du protocole vérifié.

Les spécifications HLPSL de protocoles sont divisées en rôles, ces derniers sont répartis en deux catégories distinctes : les rôles dits *basiques* et les rôles dits de *composition*. Le premier type représente les agents participants aux protocoles, tandis que le second représente les scénarios des rôles basiques. A la fin de la spécification, on détermine les propriétés de sécurité à vérifier (La figure 3.1 illustre de la structure de HLPSL).

Dans cette section on présente le langage HLPSL avec un exemple de spécification de protocole NSPK par le langage HLPSL. Le protocole NSPK qui est décrit dans le chapitre 1 page 11. La description de ce protocole par notation Alice-Bob est comme ci-dessous:

$$A \rightarrow B : \{A, Na\}\_Kb$$
$$B \rightarrow A : \{Na, Nb\}\_Ka$$
$$A \rightarrow B : \{Nb\}\_Kb$$

1.1. Les rôles basiques :

Dans les rôles basiques, la connaissance initiale que le comportement de chaque participant honnête du protocole sont décrits. La connaissance initiale est liée à un rôle et exprimée par une liste de paramètres.

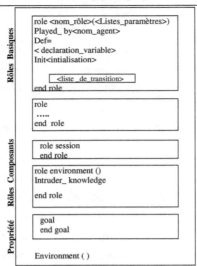

Figure 3.1 : Structure d'une spécification d'un protocole en HLPSL

Les rôles basiques du protocole **NSPK** sont les rôles *alice* et *bob*. La spécification de ces
rôles en HLPSL sont :

```
role alice (A, B: agent,
            Ka, Kb: public_key,
            SND, RCV: channel (dy))
played_by A def=
  local State : nat,
        Na, Nb: text
  init State := 0
  transition
    0.   State  = 0 /\ RCV(start) =|>
         State':= 2 /\ Na' := new() /\ SND({Na'.A}_Kb)
                    /\ secret(Na',na,{A,B})
                    /\ witness(A,B,bob_alice_na,Na')

    2.   State  = 2 /\ RCV({Na.Nb'}_Ka) =|>
         State':= 4 /\ SND({Nb'}_Kb)
                    /\ request(A,B,alice_bob_nb,Nb')
end role
%%%%%%%%%%%%%%%%%%%%%%%%%%%%%%%%%%%%%%%%%%%%%%%%%%%%%%%%%
role bob(A, B: agent,
         Ka, Kb: public_key,
         SND, RCV: channel (dy))
played_by B def=

  local State : nat,
        Na, Nb: text
  init State := 1
  transition
```

36

```
1.   State  = 1 /\ RCV({Na'.A}_Kb) =|>
     State':= 3 /\ Nb' := new() /\ SND({Na'.Nb'}_Ka)
                /\ secret(Nb',nb,{A,B})
                /\ witness(B,A,alice_bob_nb,Nb')
3.   State  = 3 /\ RCV({Nb}_Kb) =|>
     State':= 5 /\ request(B,A,bob_alice_na,Na)
end role
```

1.1.1. Partie déclarations :

Les variables dans les rôles basiques sont déclarées comme des paramètres dans les rôles ou des variables locaux.

```
role alice (A, B: agent, Ka, Kb: public_key, SND, RCV: channel
(dy)) played_by A
```

Un agent jouant le rôle *alice* connaît deux agents A et B, deux clés publiques Ka et Kb possède deux canaux de communication SND et RCV respectant le modèle Dolev & Yao. La clause *played by* est optionnelle et peut être ajoutée ; elle spécifie quel agent joue le rôle considéré. Même principe pour le rôle *bob*.

Les clés symétriques sont déclarées comme de type *symmetric_key*, et les fonctions de hachage sont déclarées de type *hash_fuc*.

Chaque rôle contient une liste de variables locales, d'une section *init* (optionnelle) et d'un ensemble de transitions. La section init permet d'attribuer une valeur initiale aux variables.

```
local State : nat,
      Na, Nb: text
init State := 0
```

L'extrait de spécification ci-dessus exprime la déclaration de trois variables locales *State*, *Na et Nb*, la variable *State* est un entier naturel et initialement effectué par la valeur 0. Les nonces Na et Nb sont déclarées comme des variables de type *text* .

1.1.2. Partie transitions :

Il existent dans le corps de rôle des transitions entres les agents, par un ensemble de transitions, l'activité d'un agent jouant le rôle est dite représentée, i.e. réception d'un message, envoi d'un autre, réalisation de calculs intermédiaires, etc.

37

Chaque rôle représente un système de transitions, à partir d'un état initial, et d'un ensemble de rôles, les transitions dans HLPSL sont exprimées sous forme: e1 = :> e2 ou bien e1 => e2, la transition ne se fait pas sauf que la partie gauche de transition est vraie. La première signification est une transition immédiate, sans qu'aucune action ne soit effectuée ailleurs dans le système. Mais le deuxième type de transition autorise l'exécution d'autres actions choisies de manière non déterministe dans d'autres rôles, avant que e2 ne soit appliqué.

Un point important est noté pour l'utilisation des variables dans les transitions, si une variable est assignée à une nouvelle valeur, puis le nom de la variable sur le côté gauche du signe : = doit être terminé **par prime**. Si on veut faire référence à la valeur d'une variable qui est assignée à une nouvelle valeur dans la transition en cours, en l'utilisant alors, la prime fera référence à la nouvelle valeur, et qui si on ne l'utilise pas, le prime fera référence à l'ancienne valeur de la variable. La notation X' signifie la nouvelle valeur de la variable X. La notation découle de la logique temporelle des actions TLA [Tea06], sur lequel HLPSL est basé.

La transition libellée par 0 dans le rôle *alice*:

```
0.  State  = 0 /\ RCV(start) =|>
    State':= 2 /\ Na' := new() /\ SND({Na'.A}_Kb)
                  /\ secret(Na',na,{A,B})
                  /\ witness(A,B,bob_alice_na,Na')
```

Signifie : Si la valeur de la variable *State* est 0 et que nous pouvons lire sur le canal RCV le message *start* alors :

1) la variable *State* prend comme nouvelle valeur 1,

2) la variable *Na* est instanciée par une valeur aléatoire (nonce) grâce à l'instruction *Na' := new()*

3) cette nouvelle valeur avec le nom de *A* est chiffrée par le clé publique *Ka* et enfin envoyée sur le canal *SND*.

N.B : les prédicats *request, secret,* et *witness* seront expliqués dans la section 3.2

La transition libellée par 2 dans le rôle alice:

```
2.  State  = 2 /\ RCV({Na.Nb'}_Ka) =|>
    State':= 4 /\ SND({Nb'}_Kb)
                  /\ request(A,B,alice_bob_nb,Nb')
end role
```

Signifie: cette règle exprime le fait que si la valeur stockée dans la variable State est 2 et que sur le canal RCV le message {Na.Nb'}_Ka alors :

1) La nouvelle valeur de la variable State est 4.

2) la variable Nb' est cryptée par la clé publique Kb et envoyée sur le le canal SND.

La transition libellée par 3 dans le rôle bob:

```
3.   State  = 3 /\ RCV({Nb}_Kb) =|>
           State':= 5 /\ request(B,A,bob_alice_na,Na)
```

Signifie: cette transition ne fait que la valeur de *State* est 3 et le message reçu est `{Nb}_Kb`. ici la variable Nb n'est pas terminée par prime. Si cette condition est satisfaite alors : la variable *State* prend comme nouvelle valeur 5.

1.2. Les rôles de composants :

Ces rôles permettent de définir l'instanciation des rôles basiques et ainsi de définir le déroulement global du protocole en tant que *session*. Ce rôle se compose seulement d'une section de *composition*.

```
role session(A, B: agent, Ka, Kb: public_key) def=
  local SA, RA, SB, RB: channel (dy)
  composition
      alice(A,B,Ka,Kb,SA,RA)
    /\ bob  (A,B,Ka,Kb,SB,RB)
end role
```

Signifie : le protocole NSPK étant composé de deux rôles principaux : *alice* et *bob*. L'opérateur / \ indique que ces rôles devraient exécuter en parallèle. Les variables SA et SB sont des canaux d'émission des messages des agents A et B respectivement. Au contraire RA et RB sont des canaux de réception des messages des agents A et B respectivement, les quatre canaux sont de type d'intrus Dolev-Yao.

Le deuxième rôle de composition est appelé *environment*. Ce rôle ne possède pas des paramètres. Il permet d'exprimer l'état initiale du système en précisant, tel que : *(1)* décrire les connaissances initiale de l'intrus par la clause *intruder_knowledge*, et (2) précise un nombre fini d'instances du rôle *session*.

```
role environment() def=
    const a, b       : agent,
          ka, kb, ki : public_key,
          na, nb,
          alice_bob_nb,
          bob_alice_na : protocol_id
    intruder_knowledge = {a, b, ka, kb, ki, inv(ki)}
    composition
        session(a,b,ka,kb)
     /\ session(a,i,ka,ki)
     /\ session(i,b,ki,kb)
end role
```

Signifie: le rôle *environment* exprime des sessions du protocole entre les agents (a et b) avec ses clés publiques ka, kb respectivement, session entre les agents (a et i) avec ses clés publiques ka, ki respectivement, et session entre les agent (b et i) qui utilisent les clés publiques. Les données *a, b, ka, kb, ki, na, nb* sont des constantes associées à un type dans la section const. L'intrus connaît initialement les agents *a* et *b*, les clés publiques *ka, kb*, et sa clé publique *ki*, et connaît aussi sa clé privé `inv(ki)`.

1.3. Les prédicats et les propriétes à verifier :

Les propriétés de sécurité à vérifier sont définies à partir des prédicats (c-à-d événements ou signaux) et identifiées par des *protocol_id*. La vérification prend en compte les propriétés listées dans la section *goal.*

```
goal
   secrecy_of na, nb
   authentication_on alice_bob_nb
   authentication_on bob_alice_na
end goal
```

Pour la vérification de l'authentification forte (*strong authentication*), on utilise « `authentication_on` », Au contraire, pour l'authentification faible (*weak authentication*), on utilise « `weak_authentication_on` ».

Confidentialité :

Pour la propriété de confidentialité (ou secret), un agent déclare une donnée secrète pour une liste d'agents. Cette propriété est modélisée par un prédicat de type *secret* (Na', na, {A,B}) qui traduit par : la nouvelle valeur stockée dans `Na`. C'est un secret qui doit être partagé seulement entre les agents A et B".

Authentification

La propriété d'authentification est modélisée par les deux prédicats *request* et *witness* utilisés de la manière suivante :

- `witness(B,A,alice_bob_nb,Nb')` qui signifie "l'agent B déclare qu'il veut communiquer avec A et que la valeur de l'instanciation de Nb' permettra d'authentifier l'agent A".
- Le prédicat `request (A,B,alice_bob_nb,Nb')` qui se traduit par : "A accepte la valeur Nb' et s'appuie sur la garantie que l'agent B existe et est d'accord avec A sur sa valeur".

40

L'authentification est satisfaite si, et seulement si, à chaque *request* il existe un *witness*, et ayant le même identifiant (e.g. `alice_bob_nb`).

Dans la dernière section de specification d'un protocole, on precise les propriétés à vérifier, l'authentification et confidentiellité.

2. Langage format intermédiaire (IF):

Le deuxième langage développé au niveau du projet AVISPA, est appelé IF (*Intermediate Format*) [Vig06]. Ce langage est interne, la traduction d'une spécification HLPSL en une spécification IF est faite automatiquement par le traducteur HLPSL2IF. IF est un langage de bas niveau facile à traiter pour les outils de vérification inclus dans l'outil AVISPA. La spécification IF [AVI03a] décrit un protocole par rôles spécifié sous forme de systèmes états/transitions avec un état initial, rôles de transitions, et état de base de sûreté des propriétés de sécurité appelé *goal*.

3. La plateforme AVISPA :

La plateforme AVISPA est développée dans le cadre du projet européen nommée AVISPA « Automated Validation of Internet Security Protocols and Applications ». Les partenaires du projet AVISPA sont : le laboratoire d'intelligence d'artificielle de Université de Genova (Italy), équipe CASSIS « Combining ApproacheS for the Security of Infinite state Systems » au sein de l'Institut National de Recherche en Informatique (France), le département informatique du Swiss Federal Institute of Technology de Zurich, et la société SIEMENS (Allemagne).

En juillet 2005, les partenaires du projet AVISPA ont publié leurs travaux de développement d'une plateforme contenant quatre outils « back-end » d'analyse de protocoles et permettant la détection des attaques logiques sur les protocoles de sécurité. Cette plateforme suggère aussi des améliorations assurant la validité des propriétés de secret et d'authentification.

Les techniques de vérifications utilisées dans AVISPA sont des techniques fondées sur le principe du Model-checking. L'idée est de parcourir l'espace des configurations atteignables du système (protocole dans le cas présent) et de détecter des états qu'on ne veut pas rencontrer. Ces états sont décrits par le biais de propriétés : secret et authentification. Pour une propriété de secret pour une information X, nous savons qu'il ne faut pas que l'intrus puisse connaître cette information. Tout ceci se décrit à l'aide de logique des prédicats.

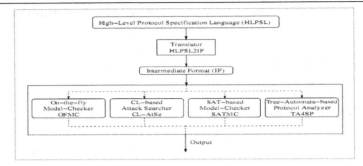

Figure 3.2 : l'architecture de la plateforme AVISPA

La plateforme AVISPA [ABB+05] intègre quatre différents outils (back-end), qui effectuent la vérification du protocole. Ils sont :

3.1. L'outil On-the-fly Model-Checker (OFMC):

L'outil OFMC est un model-checker pour but d'analyser la sécurité des protocoles cryptographiques. Il est basé sur deux méthodes complémentaires: la première est utilisé types de donnée paresseux (lazy data-types) dans l'espace d'état infini. L'autre méthode est l'intégration de techniques symboliques pour modéliser un intrus de Dolev-Yao, dont les actions sont générées sur demande. OFMC effectue une vérification bornée en explorant le système de transitions décrit par une spécification IF.

3.2. Constraint-Logic-based Attack Searcher (CL-ATSE):

CL-Atse est un outil basé sur des techniques de résolution de contraintes pour effectuer les protocoles de la falsification et de vérification pour un nombre borné de sessions. Les messages du protocole peuvent être typés ou non typés, et la liaison peut être considérée comme associatives ou non. Il optimise le processus de vérification en simplifiant la spécification du protocole, et élimine des informations redondantes dans l'exécution symbolique du protocole.

Les outils OFMC et CL-Atse supportes de plus la spécification des opérateurs à propriétés algébriques tels que le OU exclusif et l'exponentielle modulaire.

3.3. SAT-based Model-Checker (SATMC):

Les techniques de vérification automatiques de model-checker SATMC sont basées sur la réduction des problèmes de protocole de sécurité à des problèmes de satisfiabilité propositionnelle (SAT) et peuvent être utilisées efficacement pour trouver les attaques sur les protocoles de sécurité. SATMC effectue une analyse avec un nombre fini de session où les messages échangés sur le réseau contrôlé par l'intrus Dolev-Yao.

3.4. Tree Automata based on Automatic Approximations for the Analysis of Security Protocols (TA4SP):

L'outil TA4SP a été développé dans l'objectif de la vérification de protocoles avec un nombre non-borné de sessions. En effet, une approche pour la validation de protocoles semblait, et à juste titre, complémentaire aux autres approches, plutôt destinées à la détection d'attaque(s). Les caractéristiques principales de cet outil sont :

1. Passage de IF à un système de réécriture ;
2. Génération d'un automate d'arbre pour la connaissance initiale de l'intrus ainsi que pour l'état initial de tous les participants ;
3. L'outil TA4SP est composé de deux éléments : un traducteur IF2TIF et Timbuk [GT01], une collection d'outils pour l'analyse d'atteignabilité par réécriture sur des langages d'arbre.
4. Pour les propriétés de secret dans le modèle typé, TA4SP peut montrer si un protocole est erroné (par la sous-approximation) ou si il est sûr pour un nombre illimité de sessions (par une sur-approximation).

4. La correspondance entre la spécification et le protocole :

Avant l'étape de la vérification de la validité de protocole, il faut valider la spécification de ce protocole est-il correct, parce que une erreur de frappe conduit à une simulation d'autre protocole. Pour cela, on utilise un autre logiciel pour faire la validité de la spécification du protocle en HLPSL. Ce logiciel s'appelle SPAN [GGHS09] (*Security Protocol ANimator for AVISPA*), ainsi SPAN est un animateur de protocole de sécurité qui spécifie en HLPSL. Cet outil permet de simuler le protocole, l'intrus et l'attaque (particulièrement pour les deux outils OFMC et CL-Atse). La figure 3.4 montre l'animation du protocole NSPK dans SPAN.

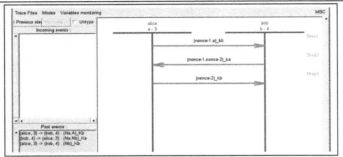

Figure 3.3 : L'animation de la spécification HLPSL de NSPK

5. Comparaison aux autres outils:

Il existe nombreux travaux importants qui font des études comparatives entre les outils de la plateforme AVISPA et autres outils. La plupart de ces travaux consistent leurs comparaisons en deux phases. La première phase est la performance des outils (i.e. le temps de recherche d'une faille dans le protocole), et la deuxième phase l'efficacité des outils (i.e. détection des attaques ou prendre a la décision que le protocole est sûr). Dans notre étude, on présente les résultats de deux récents travaux.

M. Cheminod, et al. [CBD+08] a fait une étude comparative entre quatre outils : STA, Casper, S3A, et OFMC (un des outils AVISPA). Les résultats obtenus sont :

❶ Performance : en général, les expériences montrent que les meilleurs niveaux de performance sont atteints par OFMC, suivie par la STA, S3A et Casper dans cet ordre. Une exception notable est l'analyse du bug de deux variations libres sur le protocole Yahalom, où les Casper se comportent très bien, même mieux que OFMC dans au moins un cas.

❷ Sécurité : OFMC semble être le meilleur outil parmi ceux considérés, parce qu'il est capable de trouver la grande majorité des failles connues, sans aucune aide de l'utilisateur de côté de la spécification. La seule faiblesse est son impossibilité d'analyser complètement un protocole avec les failles multiples dans une seule exécution, parce que OFMC s'arrête immédiatement quand il trouve une attaque.

Le deuxième travail est Lafourcade et al. [LTV09]. Il a établi son étude comparative entre trois outils vérifiés les protocoles utilisent les primitives *xor* et *exp* : OFMC, CL-Atse, et ProVerif. Apres l'analyse des résultats expérimentaux, on peut conclure ce qui suit:

44

❶ Performance: l'utilisation de variables avec ou exclusif ou exponentiation semble augmenter rapidement le temps de recherche des outils, en particulier pour XOR-ProVerif, mais aussi pour OFMC et CL-Atse.

❷ Sécurité: parmi les dix protocoles étudiés, l'outil ProVerif ne peut pas arriver au résultat précis pour trois protocoles. Contrairement aux outils CL-Atse et OFMC (excepte un seul cas) il donne des résultats fixes.

6. Synthèse :

Les motivations choisies pour la plateforme AVISPA pour vérifier les protocoles d'authentification des systèmes RFID sont multiples, elles sont en majorité:

1. La nature du langage de spécification HLPSL, tel qu'un langage devient facile à manipuler, haut niveau, modulaire et expressif pour les protocoles et les propriétés de sécurité vérifiées.

2. La plateforme AVISPA n'est pas un seul outil de vérification automatique, mais elle contient quatre back-end et chaque back-end possède des techniques particulières pour vérifier le protocole. Pendant la vérification, la considération des nombres des session est facteur important, les outils AVISPA sont partagés en deux catégories : *(1)* OFMC, CL-Aste et SATMC (nombre fini de sessions), *(2)* TA4SP (nombre non borné de sessions).

3. La forme de la plateforme AVISPA est en plusieurs modes (Interface Web, mode Mac, Linux), ceci permet d'interaction avec les utilisateurs.

4. Les outils AVISPA ne sont pas restés sans améliorations après la publication en juillet 2005, mais ils ont connu des mises à jour et des améliorations sur leur efficacité.

CHAPITRE IV

CONTRIBUTION : VÉRIFICATION DES PROTOCOLES D'AUTHENTIFICATION DES SYSTÈMES RFID

1. Introduction :

Le protocole d'authentification permet au lecteur d'être sûr de l'identité de tag. Inversement, il peut permettre à un tag pour être sûr de l'identité d'un lecteur. Si les deux propriétés sont assurées, nous parlons de l'authentification mutuelle.

Il existe plusieurs classements de vérification automatique de protocole de sécurité, comme pour : le type de protocole, les primitives exigent dans le protocole, le type d'attaque, et les propriétés validées dans le protocole.

On considère dans notre travail le classement des protocoles d'authentification selon les primitives exigées dans la mise en œuvre des protocoles. Donc les catégories des protocoles étudiés sont : protocoles de cryptographie symétrique, protocoles qui exigent les fonctions de hachage, et protocoles exigeant des primitives non- cryptographiques.

Tout au long de ce chapitre, nous allons étudier des protocoles d'authentification mutuelle qui utilisent des primitives cryptographiques, et qui peuvent être spécifiés en HLPSL pour qu'ils deviennent vérifiables à l'aide des outils AVISPA. Cette vérification particulière touche les transmissions sur le canal lecteur-tag seulement, car ce dernier est public, et peut subir des attaques par un intrus.

2. Propriétés à vérifier :

On doit vérifier les propriétés classiques de sécurité suivantes : la confidentialité, l'authentification du tag, et l'authentification du lecteur. Ces propriétés peuvent être verifiées par les outils AVISPA.

Cette vérification prend en considération les hypothèses de modélisation rassemblées sous le nom de « modèle de Dolev-Yao ». Ce modèle est basé sur deux hypothèses importantes qui sont: *le chiffrement parfait* et « *l'intrus est le réseau* ». Le réseau dans le système RFID est sans fil et basé sur la communication par ondes radiofréquences entre le tag et le lecteur. On s'articule la vérification du protocole est comprise entre les deux agents : le tag et le lecteur.

3. Les scénarios de la vérification :

Dans le rôle `environement`, on propose deux scénarios de vérification des protocoles etudiés:

Scenario 01: deux sessions du protocole en parallèle (on la note par le symbole / \) concernant deux tags légitimes différents et un même lecteur légitime. Les connaissances initiales de l'intrus sont les noms des agents `t1` et `t2` qui représentent les tags, et l'agent `r` qui représente le lecteur.

Exemple 4.1: environnement du protocole FDW (C/H):
```
composition
session(t1,r,k) /\ session(t2,r,k1)
end role
```

Scenario 02: ce scenario dépend du traitement de deux sessions du protocole qui sont en parallèle concernant deux tags légitimes différents possédant la même clé partagée et le même lecteur légitime. Ce scenario s'utilise seulement pour les protocole qui exigent les clés symetriques partagées.

Exemple 4.2: environnement du protocole FDW (C/H):
```
composition
session(t1,r,k) /\ session(t2,r,k)
end role
```

Scenario 03: ce scenario dépend du traitement de deux sessions identiques entre le même tag et le même lecteur (`t` et `r`). Ce scenario permet de détecter les attaques du type "*Attaque par rejeu*" s'il existe.

Exemple 4.3: environnement du protocole FDW (C/H):

```
composition
session(t,r,k) /\ session(t,r,k)
end role
```

Les données `aut_reader` et `aut_tag` sont des constantes qui permettent d'identifier les propriétés d'authentification du lecteur et d'authentification du tag respectivement.

Exemple 4.4: les objectifs de la vérification du protocole FDW (Mutuelle):

```
goal
     secrecy_of sec_N2 , sec_N1
        authentication_on aut_reader
        authentication_on aut_tag
end goal
```

4. Résultats de la vérification :

Après avoir charger la spécification du protocole dans le site web du plateforme AVISPA (www.avispa-project.org) et choisir le mode basique de la vérification automatique, le premier résultat obtenu est de résumé les diagnostics de chaque outil de la plateforme AVISPA. Il existe trois types de messages : (1) *UNSAFE* désigne un protocole qui n'est pas sûr et l'outil présente une trace d'attaque, (2) *SAFE,* qui désigne un protocole sûr, le dernier diagnostic est *INCONCLUSIVE,* et signifie que l'outil n'a pas aboutit a un résultat. Par exemple, on donne le résultat de la vérification du protocole NSPK avec la plateforme AVISPA:

```
AVISPA Tool Summary

OFMC     : UNSAFE
CL-AtSe  : UNSAFE
SATMC    : UNSAFE
TA4SP    : INCONCLUSIVE
```

Apres avoir afficher un diagnostic général, une deuxième phase consiste à appuyer sur le bouton comportant le nom d'outil afin de visualisé la trace d'attaque s'il existe en détail, ainsi que les informations spécifiques de la vérification tels que : le temps de recherche, le temps d'analyse grammaticale, le nombre de nœuds visités et la profondeur. Le résultat obtenu peut prendre trois formes : la forme texte, la forme MSC (Message Sequence Chart), ou enregistrer dans un fichier postscript. Et voilà un exemple de résultat de vérification du protocole NSPK avec l'outil OFMC sous forme texte :

```
% OFMC
% Version of 2006/02/13
SUMMARY
  UNSAFE
DETAILS
  ATTACK_FOUND
```

48

```
PROTOCOL
  /home/avispa/web-interface-computation/./tempdir/workfileIvYDma.if
GOAL
  secrecy_of_nb
BACKEND
  OFMC
COMMENTS
STATISTICS
  parseTime: 0.00s
  searchTime: 0.04s
  visitedNodes: 10 nodes
  depth: 2 plies
ATTACK TRACE
i -> (a,6): start
(a,6) -> i: {Na(1).a}_ki
i -> (b,3): {Na(1).a}_kb
(b,3) -> i: {Na(1).Nb(2)}_ka
i -> (a,6): {Na(1).Nb(2)}_ka
(a,6) -> i: {Nb(2)}_ki
i -> (i,17): Nb(2)
i -> (i,17): Nb(2)
```

La figure 4.1 illustre le résultat de la vérification du protocole précédent sous forme MSC qui contient la trace d'attaque :

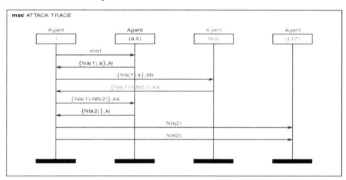

Figure 4.1 : Trace d'attaque du protocole NSPK (OFMC)

***N.B.* :** dans le cas où le protocole d'authentification exige l'opérateur "*ou exclusif*", on utilise le mode "Expert" et en sélectionnant l'outil CL-Atse avec l'option "Untyped model" pour permettre de créer des messages non typiques, exploités dans la recherche sur la faille de protocole.

5. Les protocoles de la cryptographie symétrique :

La référence [FDW04], représente une mise en œuvre hardware de AES pour des tags RFID avec deux protocoles simples pour l'authentification unilatérale (Question/réponse) et mutuelle.

5.1. Le protocole FDW (Question/Réponse):

R envoie un nombre aléatoire nr à l'agent T. T crypte le nombre aléatoire avec la clé partagée K et le renvoie à l'agent R, qui examine le résultat et vérifie l'identité de T. On présente la spécification du protocole sous la forme Alice-Bob comme suit :

```
R → T : Nr
T → R : {Nr}K
```

Pour les protocoles de type Question/réponse, ils ne vérifient que l'authentification d'un composant, soit l'authentification du tag ou l'authentification du lecteur. La dernière est rare. Donc pour ce protocole, nous vérifions les propriétés suivantes: authentification du tag et le secret de la clé partagée. La spécification HLPSL complète de ce protocole est donnée dans l'annexe A.

Scénario 01 et 03 :

Les résultats de vérification du protocole FDW (Q/R) dans le premier et le troisième scénario digest dans AVISPA sont exposés au dessous. Dans ce cas, l'outil ne détecte pas des attaques, c'est-à-dire le protocole est sûr.

```
AVISPA Tool Summary
OFMC      : SAFE
CL-AtSe   : SAFE
SATMC     : SAFE
TA4SP     : SAFE
Refer to individual tools output for details
```

Scénario 02 :

Pour le deuxième scénario, le diagnostic conclu après la vérification est que la détection d'une trace d'attaque sur l'authentification du tag. La figure 4.2 montre ce résultat avec l'outil OFMC. Dans ce résultat d'attaque, i représente l'intrus, (r,3) représente le lecteur, et (t,2) le tag. La signification des informations affichées tel que : Nt(1)instance du nonce Nt.

Dans cet attaque l'intrus est de type passif, tel que le fait ne pas faire des modifications sur les messages mais de les retransmettre seulement.

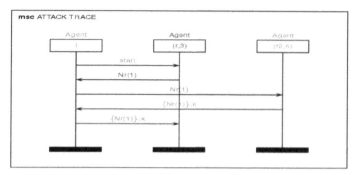

Figure 4.2 : Trace d'attaque sur le protocole FDW Question/Reponse (OFMC)

5.2. Protocole FDW (Authentification Mutuelle):

R envoie un nonce Nr au T. T génère un nonce Nt et crypte la paire (Nr, Nt) avec la clé partagée K, et l'envoie au R. R décrypte le message en utilisant K, et vérifie si la valeur de Nr est correcte, R inverse l'ordre des deux nonces, crypte le message avec K et l'envoie a T. T examine le résultat et vérifie l'identité de R. On présente la description du protocole sous la forme Alice-Bob comme suit :

```
R → T : Nr
T → R : {Nt,Nr}K
R → T : {Nr,Nt}K
```

La spécification HLPSL complète de ce protocole est donnée dans l'annexe B. On note ici que pour les protocoles étudiés du type authentification mutuelle, nous vérifions les propriétés suivantes: authentification du tag, authentification du lecteur et le secret de la clé partagée ou l'identificateur.

Scénario 01 et 03 :

Après la vérification de ce protocole par les outils AVISPA, le résultat est comme suit:

```
AVISPA Tool Summary

OFMC    : SAFE
CL-AtSe : SAFE
SATMC   : SAFE
TA4SP   : SAFE
```

Le résultat de la vérification du protocole avec le premier scénario et le deuxième est le-même. Ce résultat signifie en clair qu'il n y a pas d'attaque détectée pour la confidentialité du nombre `Nt` (vérifiée par `sec_N1` et `sec_N2`), ou pour l'authentification du tag ou l'authentification du lecteur. On peut ainsi déduire que le diagnostic de la plateforme AVISPA pour ce protocole est *sûr*.

Scénario 02 :

Les trois outils (OFMC, CL-Atse, et SATMC) qui vérifient la propriété d'authentification détectent d'une attaque sur l'authentification du tag. La figure 4.3 montre la trace d'attaque découverte par SATMC. Tel que : `nr(r,4)` qui est une valeur du nonce `Nr` dans l'instance du rôle `r` qui attribue un numéro de session : dans ce cas, c'est 4. `nt(t2,6)` qui est une valeur du nonce `Nt` dans l'instance du rôle `t2` qui attribue un numéro de session : dans ce cas, c'est 6.

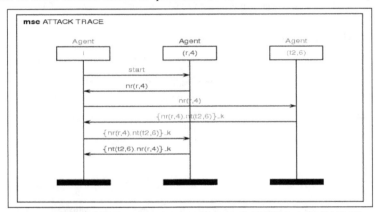

Figure 4.3 : Trace d'attaque sur le protocole FDW-Mutuelle (SATMC)

6. Les protocoles de la fonction du hachage :

Dans cette section on étudie des protocoles qui utilisent la primitive cryptographique qui s'appelle la fonction du hachage.

6.1. Protocole RHLS :

Dans cette section, nous décrivons le protocole RHLS (*Randomized Hash Lock scheme*) qui est proposé par Weis et al [WSRE03]. Dans ce protocole (voir Figure 4.4), les informations transmises par le tag à chaque fois qu'elle est interrogée se compose d'une valeur aléatoire *nt* et la valeur H1 = valeur du hachage h (ID,*nt*) où ID qui est l'identifiant statique du tag. Afin de calculer cette information, le tag a besoin d'un générateur pseudo-aléatoire et un objet incorporé une fonction du hachage irréversible mais seulement stocke son identifiant.

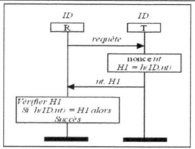

Figure 4.4: le protocole RHLS

La notation Alice-Bob proposée est la suivante :

T ➔ R: Nt,H(ID.Nt)

La spécification HLPSL complète de ce protocole est donnée dans l'annexe C. Ce protocole est modélisé avec le premier et le troisième scénario.

Scénario 01 :

Le résultat de la vérification du protocole dans la plateforme AVISPA est comme suit :

```
AVISPA Tool Summary
OFMC     : SAFE
CL-AtSe  : SAFE
SATMC    : SAFE
TA4SP    : SAFE
```

Scénario 03 :

Les outils AVISPA détectent une attaque du type *"attaque par rejeu"*. La figure 4.5 montre la trace d'attaque avec l'outil OFMC. L'intrus initialise la session par envoi d'un message spécial à t1. L'agent t1 génère un nonce Nt(1) et calcule la fonction du hachage h(Nt(1),id1) puis envoi la concaténation du nonce et la fonction h. l'intrus envoi le message reçu à l'agent r en deux sessions (r,3) et (r,6).

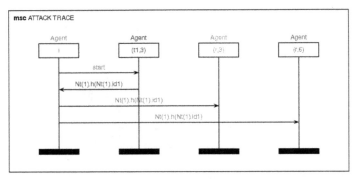

Figure 4.5: la trace d'attaque du protocole RHLS

6.2. Protocole HMNB :

La référence [HMNB07] représente le protocole HMNB, ce protocole est lancé par le lecteur, tel que le lecteur génère un nonce Nr et l'envoie à tag. Le tag génère un nonce Nt, la réponse du tag dépend de la valeur de S. Dans le cas où le processus se termine avec succès et aucun des messages n'est bloqué ou perdu, la valeur de S est égale à 0. Dans le cas contraire, la valeur de S vaut 1, ce cas devrait se produire rarement. La figure 4.6 décrit ce protocole.

On propose de modéliser ce protocole dans le cas S=0. La mise à jour est faite avant la dernière transition au niveau du lecteur après la transition au niveau du tag, dans ce cas IDP égal la valeur initiale de ID avant sa mise à jour, et le nouveau ID égal H(ID,Nr). La spécification HLPSL complète de ce protocole est donnée dans l'annexe D.

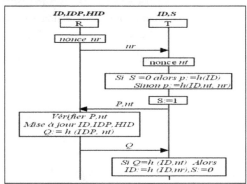

Figure 4.6 : Le protocole HMNB

La notation Alice-Bob proposée est la suivante :

```
R → T:Nr
T → R:Nt, H(ID)
R → T: H(IDP,Nt)   % tel que IDP' :=ID
```

Scénario 1 et 3:

Les outils AVISPA détectent deux traces d'attaque sur l'authentification du tag. La figure 4.7 montre la trace d'attaque du protocole HMNB avec l'outil CL-Atse. Dans ce résultat d'attaque, i représente l'intrus, (r, 4) le lecteur, et (t1, 3) le tag. La signification des informations affichées tel que : Nr(1) et n5(Nr) des instances du nonce Nr. Nt(6) et n1(Nt) des instances du nonce Nt.

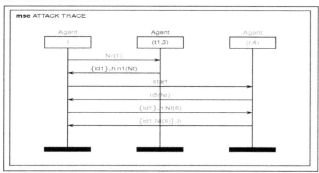

Figure 4.7 : Trace d'attaque sur le protocole HMNB(CL-Atse)

Les remarques qui peuvent être tirées à partir de la trace sont :

- l'existence de deux phases de communication. La première est entre les agents i et t1, et quant à la deuxième phase, elle située entre les agents i et r, d'où l'exclusion définitive de la communication avec le tag légitime.
- h(id1) qui est émis de l'agent i à l'agent r dans la première phase est lui-même qui est émis par l'agent t1 vers l'intrus i dans la deuxième phase.

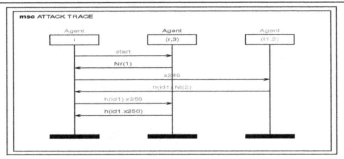

Figure 4.8 : Trace d'attaque sur HMNB (OFMC).

La Figure 4.8 illustre la trace d'attaque du protocole HMNB avec l'outil OFMC. Tel que $(r,3)$ représente le lecteur, $x240$ et $x250$ sont des variables qui ont une relation avec le travail interne de l'outil OFMC.

6.4. Protocole CRAP:

Le protocole CRAP (*Challenge-Response based Authentication Protocol*) [RKKW05] est proposé par Rhee et al. Ce protocole basé sur l'authentification mutuelle entre le tag et le lecteur à l'aide à une fonction de hachage et les nombres aléatoires. Un tag répond au lecteur en lui envoyant une fonction de hachage qui contient le nombre Nr reçu du lecteur et son propre nombre aléatoire Nt ainsi que l'identificateur ID. La notation Alice-Bob de ce protocole est la suivante :

```
R → T : Nr
T → R : H(ID,Nr,Nt), Nt
R → T : H(ID,Nt)
```

La spécification HLPSL complète de ce protocole est donnée dans l'annexe E Les résultats de spécification du protocole CRAP avec les scénarios 1 et 3 digest dans AVISPA sont exposés au dessous.

```
AVISPA Tool Summary
OFMC     : SAFE
CL-AtSe  : SAFE
SATMC    : SAFE
TA4SP    : SAFE
Refer to individual tools output for details
```

Dans ce cas, la plate-forme ne détecte pas des attaques.

6.5. Protocole LAK:

Ce protocole est proposé par Lee et al. [LAK06], Ce protocole est partagé en deux phases : phase d'authentification et la phase de mise à jours de la clé. La figure 4.9décrit ce protocole.

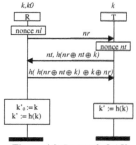

Figure 4.9: Protocole LAK.

Le principe de ce protocole est constitué par la notation suivante :

```
R → T : Nr
T → R : Nt, H(Nr ⊕Nt⊕K)
R → T : H (H(Nr ⊕Nt ⊕K)⊕K⊕Nr)
```

La spécification HLPSL complète de ce protocole est donnée dans l'annexe F

Scénario 1 et 3 :

L'outil CL-Atse détecte une trace d'attaque. La figure 4.10illustre cette trace. Les données n1(Nr) et X1632 sont des instances du nonce Nr et n5(Nt) est instance du nonce Nt. la fonction *{}_h* signifie une fonction du hachage. Dans cette attaque, on peut noter les remarques suivantes :

- Le lecteur génère un nonce *n1(Nr)* et l'intrus capte et enregistre ce nonce au cours de la communication.
- L'intrus génère une autre instance du nonce *Nr* noté par *X1632* et l'envoie au tag.
- Le tag génère une instance du nonce *n5 (Nt)* et l'envoie avec la fonction de hachage h(X1632 ⊕ n5(Nt) ⊕ K) à l'intrus.
- L'intrus renvoie la fonction reçue au lecteur avec X1632⊕ n1(Nr) ⊕ n5(Nt).
- Le lecteur calcule la fonction *h(h(X1632 ⊕ n5(Nt) ⊕ K) ⊕ K⊕ n1(Nr))* et la transmet à l'intrus.

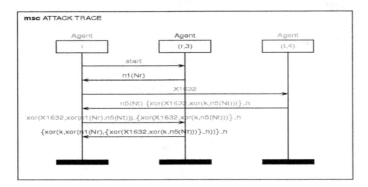

Figure 4.10 Trace d'attaque sur le protocole LAK (*CL-ATSE-Expert*)

Pour simplifier la description du principe d'attaque sur ce protocole, on utilise les symboles suivants : X1632, n1(Nr) et n5(Nt) désignes respectivement par nr, nr' et designer par nt.

Le principe d'attaque : pour personnifier le tag, l'intrus peut renvoie la fonction h(nr⊕nt⊕ K) pour vu que nr⊕nt = nr'⊕nt',autrement dit h(nr⊕nt⊕K) = h(nr'⊕nt'⊕K). Pour satisfaire à cette condition l'intrus créer nt', tel que : nt' = nr(nr'(nt et avec d'utilisation les propriétés de l'opérateur xor (voir : le chapitre II, page 31) alors l'attaque est succès.

Scénario 2 :

La Figure 4.11montre le résultat d'AVISPA sur la spécification de protocole LAK. Cette trace d'attaque est la violation de l'authentification du tag. Dans ce dernier, l'intrus est retransmis les messages des agents honnêtes sans faite des modifications ou des destructions. On note que le principe de cette trace est le même principe de la trace d'attaque du protocole FDW (A. Mutuelle) avec le même scénario.

```
% OFMC
% Version of 2006/02/13
SUMMARY
  UNSAFE
DETAILS
  ATTACK_FOUND
PROTOCOL
  /home/avispa/web-interface-computation/./tempdir/workfileMyjFDF.if
GOAL
  authentication_on_aut_tag
BACKEND
  OFMC
COMMENTS
STATISTICS
  parseTime: 0.00s
  searchTime: 0.03s
  visitedNodes: 7 nodes
  depth: 2 plies
ATTACK TRACE
i -> (r,3): start
(r,3) -> i: Nr(1)
i -> (t,3): Nr(1)
(t,3) -> i: Nt(2).h(Nr(1) XOR Nt(2) XOR k)
i -> (r,3): Nt(2).h(Nr(1) XOR Nt(2) XOR k)
(r,3) -> i: h(h(Nr(1) XOR Nt(2) XOR k) XOR k XOR Nr(1))
```

Figure 4.11 Trace d'attaque sur protocole de LAK (OFMC)

7. Les protocoles qui exigent des primitives non cryptographiques:

Dans cette section on va étudier des protocoles qui exigent des primitives non cryptographiques (rotation, partie gauche, partie droite, …). Le langage de spécification HLPSL ne supporte pas les primitives de ce type. Donc la solution est : la modélisation avec une primitive cryptographique agréée dans HLPS (i.e. fonction de hachage, cryptage symétrique, cryptage asymétrique,…). Pour cela, à l'aide de la modélisation et de la spécification du protocole RPC dans le tutorial [ABB+05].

7.1. Protocole LRMAP:

Le protocole LRMAP (Lightweight and Resynchronous Mutual Authentication Protocol) est un protocole d'authentification mutuelle proposé par [HHMB07], pour les systèmes RFID bas coût. Ce protocole est amélioré pour éviter les problèmes de sécurité qui se trouvent dans le protocole HMNB. La figure 4.12 illustre ce protocole.

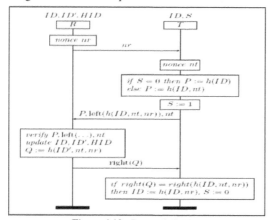

Figure 4.12 : Protocole LRMAP

On présente la spécification du protocole avec la valeur de S égal à zéro sous la forme Alice-Bob comme suit :

$$R \rightarrow T : Nr$$
$$T \rightarrow R : H(ID), Left(H(ID, Nt, Nr)), Nt$$
$$R \rightarrow T : Right(H(ID, Nt, Nr))$$

Tel que:
Left(x) : Moitié gauche de message x
Right(x) : Moitié droite de message x

59

Pour la spécification, les fonctions *Left* et *Right* qui ne sont pas supportées en HLPSL, on modélise ces fonctions comme des fonctions de hachage, et l'intrus peut intercepter et calculer ses fonctions. La spécification HLPSL complète de ce protocole est donnée dans l'annexe G

Scénario 1 et 3 :

Les résultats de vérification du protocole LRMAP digest dans AVISPA sont exposés au dessous.

```
% OFMC
% Version of 2006/02/13
SUMMARY
  SAFE
DETAILS
  BOUNDED_NUMBER_OF_SESSIONS
PROTOCOL
  /home/avispa/web-interface-computation/./tempdir/workfileAYJyXj.if
GOAL
  as_specified
BACKEND
  OFMC
COMMENTS
STATISTICS
  parseTime: 0.00s
  searchTime: 0.11s
  visitedNodes: 60 nodes
  depth: 8 plies
```

Dans ce cas, l'outil OFMC visualise le message « *SAFE* », c'est-à-dire ce protocole est sûr, et il n'y a pas détection des attaques. Le même résultat obtenu avec le mode "Expert".

7.2. Protocole CH :

Le protocole CH est un protocole d'authentification mutuelle proposé par [CH07], la note importante pour ce protocole utilise trois primitives non cryptographiques : moitié gauche (*Left*), moitié droite (*Right*), et la rotation (*Rotate*).

Le lecteur R et le tag T partagent des secrets k et ID. Le lancement par le lecteur qui envoie un nonce aléatoire r1. Le tag produit un nonce aléatoire r2 et calcule la fonction de hachage g, tel que g = h(r1 ⊕ r2 ⊕ ID). Cette fonction de hachage et ID sont utilisés comme des paramètres pour la fonction *rotate*. La valeur de ID est tournée, elle dépend la valeur de g. Le tag calcul le xor d'ID tourné et g, avant l'envoi de la moitié gauche des résultants et r2 au lecteur. Le lecteur calcule chaque paire d'ID et k jusqu'à ce que cela trouve le tag correspondant. Il envoie alors la moitié gauche du xor d'ID tourné et g au tag. Cette démarche du protocole est illustrée dans la figure 4.13.

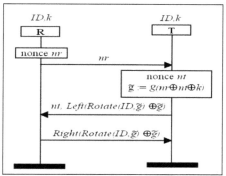

Figure 4.13: Protocole CH [DR09]

Signification :

`Rotate (x, w) :` *Rotate* dénote l'opérateur de rotation de bits à gauche, et l'opérande x sont tournés des positions w.

`g`   est un générateur de nombre aléatoire.

$\tilde{g}$ le résultat aléatoire de g.

On présente la spécification du protocole sous la forme Alice-Bob comme suit :

```
R → T : Nr
T → R : Nt, Left(Rotate(ID)⊕ g(Nr⊕Nt⊕K))
R → T : Right(Rotate(ID)⊕ g(Nr⊕Nt⊕K))
```

Pour la spécification en HLPSL, les primitives *Left*, *Right* et *Rotate* non agréées dans HLPSL. Donc on modélisé ces primitives comme des fonctions de hachage. Pour la fonction *Rotate* est considérée et prend un seul paramètre qui est l'opérande x, dans ce protocole, c'est ID. La spécification complète de ce protocole en HLSPL est donnée dans l'annexe H.

Scénario 1,2 et 3 :

Le résultat de la vérification par l'outil CL-Atse est détection d'une trace d'attaque. La figure 4.14 illustre cette trace. Le principe de cette trace est le même principe de l'attaque détectée par CL-Atse pour le protocole LAK.

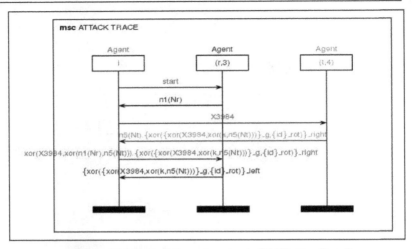

Figure 4.14: Trace d'attaque du protocole CH (CL-Atse- Expert)

8. Synthèse

Dans ce chapitre, nous avons traité le problème de la vérification des protocoles d'authentification en utilisant des outils AVISPA. Cette vérification est importante pour assurer les propriétés de confidentialité et d'authentification dans les systèmes RFID; mais cela ne permettra en aucun cas de confirmer que ces protocoles sont totalement valides à cause de l'existence de propriétés particulières difficiles à vérifier d'une manière automatique.

CHAPITRE V

ÉTUDE COMPARATIVE

Dans ce chapitre, on résume les résultats des vérifications automatiques en précisant les types d'attaque pour chaque trace d'attaque détectée dans les protocoles étudiés, et faire une comparaison entre les résultats obtenus et les travaux existants. Ainsi un travail complémentaire pour le coté de la complexité d'implémentation des primitives cryptographiques.

1. Analyse de résultats :

Dans cette section, on fait des analyses de résultats du côté sécurité des protocoles. Ces analyses sont basées sur les vérifications automatiques de chaque protocole d'authentification. On conclue les résultats d'expérimentation dans la table 5.1.

Protocole	Scénario de la vérification	Confidentialité		Authentification	
		Clé	Résultat	Tag	Lecteur
FDW (Q/R)	1,3	K	S	S	Q/R
	2	K	S	A	Q/R
FDW (M)	1,3	K	S	S	S
	2	K	S	A	S
RLHS	1	ID	S	S	Q/R
	3	ID	S	A	Q/R
HMNB	1,3	ID	S	A	S
CRAP	1,3	ID	S	S	S
LAK	1,2,3	K	S	A	S
LRMAP	1,3	ID	S	S	S
CH	1,2,3	ID,K	S	A	S

Notation : S : Sûr   A : Détection d'un intrus   Q/R : Protocole Question/Réponse

Table 5.1 : Expérimentation sur la plateforme AVISPA

Pour la confidentialité des informations privé (*K* ou *ID*), elle est sécrète pendant la transmission entre le tag et le lecteur dans tous les protocoles étudiés. Pour le protocole FDW (Q/R et Mutuelle), le nonce *Nt* est secret par le cryptage avec la clé symétrique *K* connue seulement par le tag et le lecteur, ce qui implique que la clé k est secrète. Pour les protocoles restants, les informations confidentielles sont cryptées par une primitive cryptographique efficace la fonction de hachage.

Pour l'authentification du tag, L'attaque détectée dans le protocole HMNB est appelée attaque du *spoofing* ou attaque d'usurpation (voir chapitre 2). On détecte aussi une attaque du type "*Attaque par rejeu*" sur le protocole RHLS (avec troisième scénario), où l'intrus envoi un message aux deux différentes sessions d'un lecteur. La dernière d'attaque détecté du type "*Attaque par rejeu algébrique*" (de l'anglais : *algebraic replay attack*) sur les protocoles LAK (les scénarios 1 et 3) et CH. La cause de ce dernier type d'attaque est le mal d'utilisation de l'opérateur *xor* dans les messages transmets.

Pour les protocoles FDW (Q/R et Auth. Mutuelle) et LAK avec le deuxième scénario où les clés symétriques des tags sont identiques, le but de l'intrus est de faire une impersonation du tag. Il fait donc un relais sur les deux premiers messages, mais le dernier est inutile car c'est pour authentifier le lecteur auprès du tag. En résumé, l'intrus a réussi son attaque (*impersonation of the tag*) à la fin du message 2 et n'a donc pas besoin du message 3 (authentification du lecteur auprès du tag). Ce type d'attaque est appelé : "Attaque par relais".

Concernant l'authentification du lecteur, les protocoles d'authentification mutuelle sont valides. Mais contrairement, les protocoles de type question/réponse (i.e. FDW et RLHS) ne sont pas valides, parce que dans le principe du protocole, le lecteur n'est pas authentifier, est-ce que ce lecteur est légitime ou adversaire ?. Donc l'attaque contre l'authentification du lecteur est possible.

Enfin, pour prend de décision que le protocole est sûr, on s'articule le premier et le troisième scénario, parce que le deuxième scénario est négligeable et limiter de considération. Donc on peut conclure que : les protocoles FDW (Mutuelle), CRAP et LRMAP sont sûr. La question que ce répondre dans la section suivante est : est-ce que les trois protocoles sûr est sûr aussi avec les propriétés de sécurité particulier dans les systèmes RFID ?

2. Travaux existants :

Dans cette section, on présente des travaux existants par étude aux propriétés de sécurité classiques (secret et authentification) et spécifiques pour les systèmes RFID (résistance à désynchronisation, non-traçabilité) pour les protocoles étudiés.

2.1. Protocole FDW (Question/Réponse) :

La référence [TL06] traite du problème de sécurité de côté cryptanalyse. Dans ce cas du protocole FDW (Question/Réponse), L'attaque de type *"man-in-the-middle"* est possible. L'intrus envoie un nombre aléatoire à une étiquette. Alors l'étiquette répond avec la valeur cryptée de Nr à l'intrus. Donc, c'est possible pour l'intrus d'obtenir la valeur de k partagée à partir de plusieurs combinaisons de Nr et E_k (Nr). Alors l'intrus peut interpréter le rôle d'un lecteur légitime à l'étiquette ou une étiquette légitime au lecteur.

Dans le papier [Avo06] une étude sur des protocoles de type Question/Réponse de côté des attaques dans la couche physique. Ce type d'attaque détecté est appelé attaque par relais. (*Relay attack*). La figure 5.1 illustre ce type d'attaque.

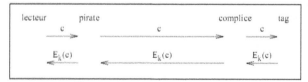

Figure 5.1 : attaque par relais [Avo06]

2.2. Protocole FDW (Auth. Mutuelle) :

Deursen et al. [DMR08] donnent une définition formelle intuitive de la propriété "non-traçabilité" dans la norme de modèle de l'intrus Dolev-Yao, inspiré par les définitions existantes de l'anonymat. Ils montrent comment vérifier si les protocoles de communication satisferont la propriété "non-traçabilité" et d'appliquer ses méthodes à des protocoles des systèmes RFID.

Parmi les protocoles vérifiés, le protocole FDW (Mutuelle) ils sont prouvés que ce protocole est valide pour la propriété "non-traçabilité".

2.3. Protocole RLHS:

Seo et al. [TL06] fait une étude comparative entre cinq protocoles et leur protocole proposé. Parmi les protocoles étudiés, RHLS qui découvre une attaque du type écoute clandestine, tel que le tag de sortie change avec chaque accès, ceci dissuade le traçage. Cependant, l'adversaire peut usurper l'identité du tag pour le lecteur légitime. Aussi l'adversaire peut connaître le Nt et ID parce que l'écoute clandestine est possible.

2.4. Protocole HMNB:

Dans [VR08], les auteurs ont fait une analyse de sécurité de base de HMNB, l'analyse se focalise sur trois propriétés de sécurités *(1)* l'authentification, *(2)* non-traçabilité, *(3)* et désynchronisation résistance. Pour toutes ces propriétés, les auteurs ont découvert des attaques.

Pour l'authentification du tag, l'adversaire ne peut pas calculer ID du tag à partir des messages observés. Les concepteurs des HMNB utilisent la mise à jour d'ID à la fin du protocole à cause de la connaissance de l'adversaire de h (ID) qui est inutile pour personnifier un tag. L'idée derrière ce raisonnement est que l'adversaire peut observer h(ID) lors d'une communication entre un tag et un lecteur, mais ne peut toujours de ne pas l'utiliser pour personnifier du tag, parce que le tag et le lecteur seront mis à jour avec la valeur de l'ID à la fin de leur communication. Donc l'adversaire peut utiliser h(ID) pour personnifier le tag. Cela la trace d'attaque de « l'authentification du tag » est illustrée dans la figure 5.2.

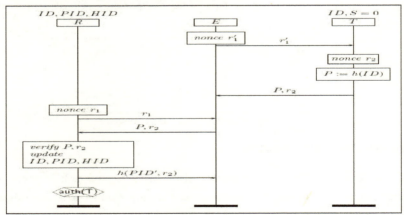

Figure 5.2 : Attaque sur l'authentification du tag dans HMNB [DR08]

2.5. Protocole CRAP:

Dans l'article de Lim et al. [LOK08] Une comparaison entre quatre protocoles et le protocole proposé a été fait par les auteurs. Parmi ces protocoles, le protocole CRAP, le résultat atteint que CRAP garantit l'authentification mutuelle, la confidentialité et l'indiscernabilité, mais n'est pas pour la sécurité avancée (i.e. la non-traçabilité).

2.6. Protocole LAK:

Concernant le papier [DMR09a], l'adversaire défie le tag avec une valeur aléatoire r0, il obtient une réponse r1, h (r0 $\oplus$ r1 $\oplus$ k). Lorsqu'il (tag) a été interrogé par un lecteur légitime avec la valeur r'0, l'adversaire utilise la réponse générée par le tag. L'intrus peut rejouer h(r0 $\oplus$ r1 $\oplus$ k) s'il garantit que r0 $\oplus$ r1 = r' 0 $\oplus$ r' 1. Pour satisfaire à cette condition l'adversaire crée l'ensemble r' 1 à r0 $\oplus$ r1 $\oplus$ r' 1. La trace d'attaque est décrite dans la Figure 5.3.

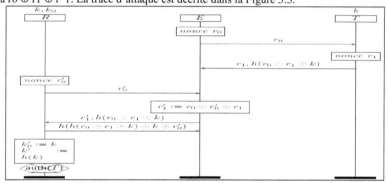

Figure 5.3 : attaque sur l'authentification du LAK [DMR09a]
Notation : r0 et r'0 représentent *Nr et Nr'*, *r1* représente *Nt*.

2.7. Protocole LRMAP:

Dans le papier [EAA09], les auteurs présentent une attaque efficace contre la traçabilité du protocole LRMAP. La faiblesse qu'exploitent ces auteurs est que les temps de réponse du lecteur est comparativement différent, car dépendant de l'état du tag (S = 0 ou S=1). Les auteurs montrent que LRMAP ne fournit pas de non-traçabilité, qui est un de ses objectifs de conception de LRMAP.

2.8. Protocole CH:

En [DMR09b], ils présentent des scénarios d'***attaques par rejeu algébrique*** visant le mécanisme de challenge/réponse dans des protocoles d'authentification. Le principe d'attaque sur le protocole CH est le même principe avec de la trace d'attaque du protocole LAK.

2.9. Comparaison entre les résultats obtenus et les travaux existants :

Dans cette section, on a présenté une vue globale sur les travaux existants au domaine de sécurité des protocoles des systèmes RFID, utilisant des analyses des méthodes formelles sous forme non automatiques. Ces travaux réalisés particulièrement pour les protocoles d'authentification ont été étudiés dans le chapitre 3.

Dans la table 5.2, on va donner quelque précisons sur les protocoles objet de notre étude en terme références d'analyse, les problèmes de sécurité, ainsi que les attaques éventuelles détectées par la plateforme AVISPA.

Protocole	Référence d'analyse	Problèmes de sécurité	Diagnostic d'AVISPA
FDW (Q/R)	[TL06] [Avo06]	Authentification du lecteur Attaque par relais	Authentification du lecteur* Authentification du tag (*S2*)
FDW (M)	[DMR08]	Non	Sûr
RLHS	[TL06]	Authentification du tag Authentification du lecteur	Authentification du tag Authentification du lecteur*
HMNB	[VR08]	Authentification du tag Non- traçabilité désynchronisation	Authentification du tag
CRAP	[LOK08]	Non- traçabilité	Sûr
LAK	[DMR09a]	Authentification du tag	Authentification du tag
LRMAP	[EAA09]	Non- traçabilité	Sûr
CH	[DMR09b]	Authentification du tag	Authentification du tag

Table 5.2 : Comparaison entre les résultats obtenus et les travaux existants

A partir de cette table, on conclue que le seul protocole qui sûr pour les propriétés de sécurité classiques (secret et d'authentification) et pour les propriétés particulières (non-traçabilité et résistance à la désynchronisation) est *le protocole FDW (A. Mutuelle)*.

3. La performance et la complexité du tag :

Étant donné que le coût et les ressources informatiques des tags RFID sont limités, les protocoles doivent fournir un arrangement entre la sécurité, la complexité et la performance. La complexité de toutes les implémentations de primitives cryptographiques exigées devrait être la plus faible possible pour maintenir le nombre requis des portes logiques et celles-ci, le coût du tag est faible. La table 5.3 illustre le coût de calcul (le nombre d'opération des primitives : cryptage symétrique, la fonction de hachage et *xor*), l'espace de stockage et le coût de la communication entre le tag et le lecteur.

Protocole	Coût de calcul	Espace de Stockage	Coût de la Communication	
			R →T	T →R
FDW (Q/R)	1C	l	l	L
FDW (M)	2C	l	l	L
RLHS	1H	l	-	$2l$
HMNB	3H	l	l	L
CRAP	2H	l	l	$2l$
LAK	3H + 4(XOR)	l	l	$2l$
LRMAP	3H	l	$½l$	$2½l$
CH	3(XOR)	$2l$	$1½l$	$1½l$

Notations : l – la taille de mémoire exigée, C - nombre d'opération du cryptage symétrique, H – nombre d'opération de la fonction de hachage,

Table 5.3 : Analyse de la performance

On peut résumer les coûts d'implémentation des primitives cryptographiques qui sont présentées dans le chapitre 2 sous forme d'un graphe de deux axes, l'horizontal désigne le nombre des portes logiques exigées, et l'axe vertical signifie les noms d'algorithmes des primitives cryptographiques étudiés (voir Figure 5.4).

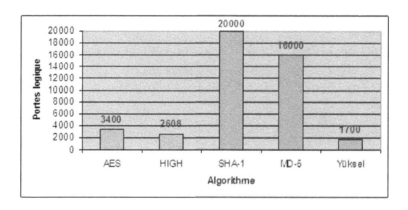

Figure 5.4: Complexité du tag par rapport à l'algorithme de chiffrement

Les grandes remarques tirées à partir de tableau 5.3 et figure 5.4 sont :

➤ **Coût de calcul :** Concernant les deux protocoles de FDW, le tag exige le cryptage symétrique, l'utilisation de ce type de primitive est *limitée* car son coût de mise en œuvre est haut (2608 portes logique pour HIGH) par rapport aux fonctions de hachage. Le reste des protocoles sauf CH exigent la fonction du hachage, l'importance du choix de la fonction de hachage sur deux approches : l'efficacité de la fonction de côté sécurité et le coût de cette fonction est faible (1700 portes logique pour Yüksel). Mais la fonction de hachage n'est pas disponible sur les étiquettes à faible coût (low-cost tags). Au contraire, dans le protocole CH, l'étiquette n'a pas besoin qu'un génération de nombres aléatoires, l'operateur XOR, la fonction de déplacement et Shift. Les calculs sont très efficaces et faibles.

➢ **Espace de stockage:** Dans le protocole CH, le tag exige l bit pour stocker l'identificateur (ID) et l bit pour la clé symétrique, d'où le total des bits exigé dans la mémoire est $2l$. concernant les autres protocoles, le tag exige l bit, ces derniers concernent ID qui utilisé par RLHS, HMNB, CRAP et LRMAP, et aussi K qui est utilisé par FDW (Q/R), FDW et LAK. Par conséquent, dans la mise en œuvre des protocoles, le tag ne nécessite que $2l$ bits au maximum de la mémoire, qui est adapté à des tags à faible coût.

➢ **Coût de la communication:** Concernant le protocole CH, la total des bits des messages de communication tag au lecteur est : $1½l$ et pour le message de communication lecteur-tag est : $½l$. Par rapport aux protocoles LAK, CRAP et LRMAP, la performance de la communication de CH est plus efficace.

A partir de l'analyse de la performance, on peut conclure que le protocole CH est très efficace et adapté aux tags à faible coût par rapport au reste des protocoles étudiés dans les parties : coût de calcul, l'espace de stockage et la performance de la communication.

4. Synthèse

La prise de décision pour sélectionner un protocole dépend de: la complexité, la performance, et la sécurité. En d'autres termes, cette décision dépend de la classe du tag lui-même et du domaine auquel il est associé. Par exemple le protocole utilisé pour identifier des animaux est tout à fait différent du protocole utilisé dans le contrôle d'accès.

Conclusion et perspectives

Dans le domaine de la vérification des systèmes, l'objectif est toujours de prouver si l'on peut arriver au résultat que ce système constitue sûreté ou non. Pour cela, il existe de nombreux travaux et approches pour atteindre cet objectif, parmi les travaux les plus importants, on cite le model-checking. Dans notre domaine, les systèmes dans ce cas sont les protocoles cryptographiques.

Au long de notre travail, nous avons concentré notre étude sur l'analyse de la sécurité au niveau de la couche réseau-transport par la vérification de la validité des protocoles d'authentification des systèmes RFID. Nous avons sélectionné un nombre important des protocoles acceptant la condition de la spécification en HLPSL. Cette condition importante consiste à vérifier si les primitives exigées sont supportées par le langage de spécification de haut niveau HLPSL. La vérification prend des hypothèses pour la recherche des failles dans le protocole, ces hypothèses sont rassemblées dans un modèle appelé « modèle Dolev-Yao ». Les résultats d'analyse d'un protocole par la plate-forme AVISPA dépend de trois facteurs : le scénario d'exécution dans l'environnement, l'intrus est de modèle Dolev-Yao, et le nombre de sessions est borné.

Les vérifications faites sont basées sur la communication entre le tag RFID et le lecteur, sans négliger la possibilité d'avoir des attaques éventuelles dans l'environnement du lecteur et de la base de données.

Nous avons fait une étude comparative entre les protocoles étudiés des deux côtés : *(1)* les résultats de la vérification automatique et *(2)* la complexité des primitives cryptographiques implémentées dans les tags. La conclusion obtenue est : La prise de décision pour sélectionner un protocole qui dépend de: la complexité, la performance et la sécurité. En d'autres termes, cette décision dépend de la classe du tag lui-même et du domaine auquel il est associé.

Dans le dernier chapitre, nous avons présenté des travaux existants qui nous ont permis de vérifier les protocoles étudiés de façon non automatique, où nous avons pu confirmer l'efficacité des outils AVISPA pour la détection les attaques contre la confidentialité et l'authentification. Pour les autres propriétés particulières de la vie privée telles que, la résistance à la désynchronisation et la non-traçabilité dans les systèmes RFID elles ne peuvent pas être vérifiées par la plateforme AVISPA pré-cite.

Perspectives :

RFID dans l'environnement hostile : Dans les normes récentes des systèmes RFID comme la norme *EPC Global*, le canal de communication entre le serveur et le lecteur n'est pas toujours privé. On donne comme exemple, le domaine de logistique, où on peut suivre le produit ou l'objet, de la fabrication jusqu'à la phase de vente au consommateur à travers le réseau mondiale Internet. Cette phase de développement permettra d'augmenter le nombre des participants honnêtes (tag, lecteur, serveur) et changer la spécification des protocoles d'authentification. Donc il ne faut pas négliger la possibilité d'avoir des attaques éventuelles dans l'environnement du lecteur et de la base de données. A ce stade là, nous proposons d'autres études spécialement pour les systèmes RFID où la communication entre le lecteur et le serveur sera insécurisée.

Primitives non cryptographiques dans les protocoles : Les nouveaux protocoles d'authentification des systèmes RFID renoncés à l'utilisation des primitives cryptographiques classiques (e.g. chiffrement symétrique et fonction de hachage) sont remplacés par des opérateurs arithmétiques (somme et soustraction), logiques (et, ou), la fonction CRC (*Cyclic Redundancy Check*) et autres, parce que ses coûts d'implémentation sont très bas. Le problème est posé au niveau de la spécification et la vérification où ces opérateurs ne sont pas supportés par les langages de spécification. Il faut donc mettre en place des algorithmes de vérification pour ces opérateurs en mettant en considération ses propriétés

Les propriétés de sécurités spécifiques : La vérification automatique est importante pour assurer les propriétés : secret et authentification dans les systèmes RFID; mais cela ne permettra en aucun cas de confirmer que ces protocoles sont totalement valides, à cause de l'existence de propriétés particulières (e.g. non-traçabilité) difficiles à vérifier d'une manière automatique.

Concernant de la vérification automatique des propriétés spécifiques de sécurité des systèmes RFID, il y a deux possibilités, soit on développe des nouveaux outils, soit on modifie les outils existants (e.g. plateforme AVISPA). Tout ça est relié avec les définitions formelles des ces propriétés.

BIBLIOGRAPHIE

[ABB+02]   A. Armando, D. Basin, M. Bouallagui, Y. Chevalier, L. Compagna, S. Mödersheim, M. Rusinowitch, M. Turuani, L. Viganò and L. Vigneron, "The AVISS Security Protocol Analysis Tool," Proc. of the 14th International Conference of Computer Aided Verification *(CAV'02)*, *LNCS* 2404, Springer, pp. 349–354, 2002.

[ABB+05]   A. Armando, D. Basin, Y. Boichut, Y.Chevalier, L. Compagna, J. Cuellar, P. Hankes Drielsma, P.-C. H_eam, J. Mantovani, S. Mödersheim, D. von Oheimb, M. Rusinowitch, J. Santos Santiago, M. Turuani, L. Viganò, and L. Vigneron, "The AVISPA tool for the automated validation of internet security protocols and applications," In: Etessami, K., Rajamani, S.K. (eds.) CAV 2005 LNCS. Springer, Heidelberg, vol.3576, p.p.281–285, 2005.

[AC02]   A. Armando and L. Compagna, "Automatic SAT-Compilation of Protocol Insecurity Problems via Reduction to Planning," In D.A. Peled and M.Y. Vardi, editors, Proceedings of 22nd IFIP WG 6.1 International Conference on Formal Techniques for Networked and Distributed Systems (FORTE), LNCS 2529, p.p. 210.225. Springer-Verlag, 2002. Available at www.avispa-project.org.

[AG99]   M. Abadi and A. D. Gordon, "A calculus for cryptographic protocols: The spi calculus," In Proceedings of the Fourth ACM Conference on Computer and Communications Security, p.p.36-47, 1997. http://citeseer.ist.psu.edu/abadi98calculus.html

[And08]   R. Anderson, "Security Engineering: A Guide to Building Dependable Distributed Systems," Ed Wiley. 2001. En line: http://www.cl.cam.ac.uk/~rja14/ musicfiles/ manuscripts/ SEv1.pdf

[Avo06]   G. Avoine, "RFID et sécurité font-elles bon ménage ? ," In Symposium sur la Sécurité des technologies de l'information et des communications - *SSTIC'06*, Rennes, France, Juin 2006.

[BAN89]   M. Burrows, M. Abadi, and R. Needham, "A Logic of Authentication," Proc. Cambridge Phil. Soc., 1989.

[BFP+01]   O. Baudron, P. Fouque, D. Pointcheval, G. Poupard and J. Stern, "Practical Multi-Candidate Election System," Proceedings of the 20th ACM Symposium on Principles of Distributed Computing (august 26 - 29, 2001, Newport, Rhode Island) N. Shavit Ed., p.p.274-283, ACM Press, 2001.

[Bla01]   B. Blanchet, "An effecient cryptographic protocol verifier based on prolog rules," In Proceedings of CSFW'01, IEEE Computer Society Press, p.p.82-96, 2001.

[Bla08]   B. Blanchet, "Vérification automatique de protocoles cryptographiques : modèle formel et modèle calculatoire," Thèse de l'habilitation à Diriger des Recherches. Université Paris-Dauphine, 2008.

[BMV03]   D. Basin, S. Modersheim, and L. Vigano, "An On-The-Fly Model-Checker for Security Protocol Analysis," In proceding: European symposium on research in computer security No8, Gjovik, NORVEGE (Oct 2003), Springer-Verlag, vol. 2808, pp.253-270, 2003.

[Bnu98]   P. Brun. "XTL : une logique temporelle pour la spécification formelle des systèmes interactifs. THÈSE de doctorat en sciences, Université Paris XI osray, 1998.

[BO97]   J. Bull and D. J. Otway, "The authentication protocol," Technical Report DRA/CIS3/PROJ/ CORBA/SC/1/CSM/436-04/03, Defence Research Agency, 1997.

[Boi06]   Y. Boichut, "Approximations pour la vérification automatique de protocoles de sécurité," thèse de doctorat, Ecole doctorale SPIM, Université de Franche-Comté, 2006.

[BP04]   M. Backes and B. Pfitzmann. "Symmetric encryption in a simulatable Dolev-Yao style cryptographic library," In: 17th IEEE Computer Security Foundations Workshop,

73

Pacific Grove, CA, pp.204–218, juin 2004.

[Bri08] S. Briais, "Theory and Tool Support for the Formal Verification of Cryptographic Protocols," Thèse de Doctorat de sciences en Informatique, ÉCOLE POLYTECHNIQUE FÉDÉRALE DE LAUSANNE, 2008.

[Bru98] J.M. Bruel, "Integrating Formal and Informal Specification Techniques. Why? How? ," In the 2nd IEEE Workshop on Industrial-Stren gt h Formal Specification Techniques, pp.50-57, Boca Raton, Floria (USA), 1998.

[CBD+08] M. Cheminod, I.C Bertolotti, L. Durante, R. Sisto, A. Valenzano, "Tools for cryptographic protocols analysis: A technical and experimental comparison," Elsevier B.V., 2008.

[CCC+04] Y. Chevalier, L. Compagna, J. Cuellar, P. Hankes Drielsma, J. Mantovani, S. Modersheim, and L. Vigneron, "A high level protocol specification language for industrial security-sensitive protocols," In Proceedings of Workshop on Specification and Automated Processing of Security Requirements (SAPS), Linz, Austria, September 2004.

[CH07] H.-Y. Chien, C.-W. Huang, "A lightweight RFID protocol using substring," in: EUC, pp. 422–431, 2007.

[Che03] Y.Chevalier. "Résolution de problèmes d'accessibilité pour la compilation et la validation de protocoles cryptographiques," Doctorat de l'université Henri Poincaré – Nancy 1. 2003.

[CJ97] J. Clark and J. Jacob. "A Survey of Authentication Protocol Literature," Rapport technique, University of York, Department of Computer Science, november 1997.

[Cor02] V. Cortier., "Outil de vérification SECURIFY," Rapport numéro 7 du projet RNTL EVA, mai 2002.

[Cor03] V. cortier. "Vérification automatique des protocoles cryptographiques," Thèse de doctorat en Informatique. Ecole nationale supérieure de Cachant, France, 2003.

[DCW06] D. R. Thompson, N. Chaudhry, and C. W. Thompson, "RFID security threat model," In proc. Acxiom Laboratory for Applied Research (ALAR) Conf. on Applied Research in Information Technology, Conway, Arkansas, Mar. 3, 2006.

[DH76] W. Diffie and M. E. Hellman, "New Directions in Cryptography," IEEE Transactions on Information Theory, vol. 22(6), p.p.644-654, November 1976.

[DMR08] T. van Deursen, S. Mauw, and S. Radomirović, "Untraceability of RFID protocols," Springer In Information Security Theory and Practices. Smart Devices, Convergence and Next Generation Networks, Seville, Spain, vol. 5019,p.p.1-15, 2008.

[DMR09a] T. van Deursen, S. Mauw, S. Radomirović, "Attacks on RFID Protocols," InternationalAssociation for Cryptologic Research, version 1.1, August 2009, En ligne: http://eprint.iacr.org/2008/ 310.pdf.

[DMR09b] T. van Deursen, S. Mauw, and S. Radomirović, "Algebraic attacks on RFID protocols," In Information Security Theory and Practices. Smart Devices, Pervasive Systems, and Ubiquitous Networks (WISTP'09), Lecture Notes in Computer Science. Springer, 2009. To appear.

[DMRP09] T. van Deursen, S. Mauw, S. Radomirović, and P. Vullers, "Secure Ownership and Ownership Transfer in RFID Systems," , European Symposium on Research in Computer Security (ESRCS'2009), Saint Malo, France, September 2009.

[DR08] T. van Deursen, and S. Radomirović, "Security of RFID protocols - A case study," In Proceedings of the 4th International Workshop on Security and Trust Management, STM 2008 (to appear), ENTCS. Elsevier.

[DSV03] L. Durante, R. Sisto and A. Valenzano, "Automatic testing equivalence verification of Spi calculus specifications," ACM Trans. Softw. Eng. Methodol, vol.12 (2), p.p.222–284, 2003.

[EAA09]   I. Erguler, M. Akgun, and E. Anarim, "Cryptanalysis of a Lightweight RFID Authentication Protocol - LRMAP," Western European Workshop on Research in Cryptology (WEWoRC 2009), Graz University of Technology, Austria, July 7-9, 2009.

[EPC]   EPCGlobal: http://www.epcglobalinc.org/home

[FDW04]   M.Feldhofer, S. Dominikus, and J. Wolkerstorfer, "Strong authentication for RFID systems using the AES algorithm," In Proc. Workshop Cryptographic Hardware Embedded Systems (CHES 2004), LNCS, vol. 3156, Springer, 2004, p.p.357–370.

[FS86]   A. Fiat and A. Shamir, "How to prove yourself: Practical solutions to identification and signature problems," In CRYPTO '86, LNCS, vol.263, pp. 186–194, 1986.

[FWR05]   M. Feldhofer, J. Wolkerstorfer, V. Rijmen, "AES Implementation on a Grain of Sand," Information Security, IEE Proceedings, vol.152 (1), pp. 13–20, 2005.

[GGHS09]   Y. Glouche, T. Genet, O. Heen, E. Houssay and R. Saillard, "SPAN (a Security Protocol ANimator for AVISPA) version 1.6," 2009, http://www.irisa.fr/celtique/genet/span/

[GJM99]   J. A. Garay, M. Jakobsson, and P. MacKenzie, "Abuse-free optimistic contract signing," In Advances in Cryptology Proceedings of Crypto'99, LNCS, vol. 1666, pp. 449-466. Springer-Verlag, 1999.

[GK00]   T. Genet et F. Klay. "Rewriting for cryptographic protocol verification," In: 17th International Conference on Automated Deduction (CADE-17), éd. par D. McAllester, LNCS, vol. 1831, pp.271–290, Pittsburgh, PA, Springer, juin 2000.

[GKJ08]   A.Gildas, K.Kassem, Q.Jean-Jacques, "ePassport: Securing International Contacts with Contactless Chips," Financial Cryptography and Data Security, Springer Berlin / Heidelberg, vol. 5143, pp.141-155, 2008.

[GMR88]   S.i Goldwasser, S. Micali and R. Rivest, "A digital signature scheme secure against adaptative chosen-message attacks," SIAM Journal of Computing, vol. 17, n° 2, pp. 281–308, avril 1988.

[GT99]   F. Giunchiglia and P. Traverso, "Planning as Model Checking," In Proc. 5th European Conference on Planning (ECP-99), LNAI. Springer-Verlag, 1999.

[GTT 03]   T. Genet, Y. Tang-Talpin -M., V.V.T. Tong, "Verification of copy-protection cryptographic protocol using approximations of term rewriting systems," Proc. of the Workshop on Issues in the Theory of Security (WITS'03), Warsaw, Poland, 2003.

[Hor07]   H. Hordegen, "Vérification des protocoles cryptographiques : Comparaison des modèles symboliques avec une application des résultats — Etude des protocoles récursifs," Thèse de Doctorat, Département de formation doctorale en informatique Ecole doctorale IAEM Lorraine, université Henri Poincaré – Nancy 1, 2007.

[Hel]   Security in Silicon by Helion. http://www.heliontech.com

[HHMB07] J. Ha, J.Ha, S. Moon, C. Boyd, "LRMAP: Lightweight and Resynchronous Mutual Authentication Protocol for RFID System," In: Stajano, F., Kim, H.-J., Chae, J.-S., Kim, S.-D. (eds.) ICUCT 2006. LNCS, Springer, Heidelberg, vol. 4412, p.p. 80-89, 2007.

Jou   Journaldunet,   "10   applications   RFID," http://www.journaldunet.com/solutions/systemes-reseaux/dossier/rfid-10-applications-qui-montent/les-cartes-de-fidelite-sans-ontact.shtml

[JRV00]   F. Jacquemard, M. Rusinowitch, L. Vigneron, "Compiling and Verifying Security Protocols," Logic for Programming and Automated Reasoning (LPAR'00), vol. 1955 de LNCS, November 2000.

[KW96]   D. Kindred et J.M. Wing. "Fast, automatic checking of security protocols," In : USENIX 2nd Workshop on Electronic Commerce, San Diego, CA, pp. 41–52, novembre 1996.

[Laf06]   P. Lafourcade. "Vérification de protocoles cryptographiques en présence de théories équationnelles," Thèse de doctorat. École Normale Supérieure de Cachan, France, 2006.

[LAK06]   S. Lee, T. Asano, and K. Kim. "RFID mutual authentication scheme based on synchronized secret information," In Symposium on Cryptography and Information Security, Hiroshima, Japan, January 2006.

[LH06]   H.R. Lee, and D.W. Hong, "The Tag Authentication Scheme using Self-Shrinking Generator on RFID System," Transactions on Engineering, Computing, and Technology, Vol. 18, pp.52-57, December 2006.

[LLYC09]   Y-I. Lim, J-H. Lee, Y. You, K-R. Cho, "Implementation of HIGHT cryptic circuit for RFID tag," IEICE Electronics Express. vol. 6 n°4, pp. 180-186, 2009.

[LOK08]   J. Lim, H. Oh, S. Kim, "A New Hash-Based RFID Mutual Authentication Protocol Providing Enhanced User Privacy Protection," In: L. Chen, Y. Mu, and W. Susilo (Eds.): ISPEC 2008, LNCS, vol. 4991, Springer-Verlag Berlin Heidelberg, pp. 278–289, 2008.

[Low96]   G. Lowe. "Breaking and Fixing the Needham-Shroeder Public-Key Protocol Using FDR," In T. Margaria and B. Steffen, editors, Proceedings of TACAS'96, LNCS 1055, pp. 147.166. Springer-Verlag, 1996.

[Low97b]   G. Lowe, "Casper: a compiler for the analysis of security protocols," Proceedings of the 10th IEEE Computer Security FoundationsWorkshop (CSFW 1997), IEEE Computer Society Press, Washington, pp. 18–30, 1997.

[LTV09]   P. Lafourcade, V. Terrade and S. Vigier, "Comparison of Cryptographic Verification Tools Dealing with Algebraic Properties," In Proceedings of the sixth International Workshop on Formal Aspects in Security and Trust (FAST2009), Eindhoven, the Netherlands, November 2009,

[Mea00]   C. Meadows, "Open issues in formal methods for cryptographic protocol analysis," In Proceedings of DISCEX 2000, IEEE Computer Society Press, pp. 237–250, January 2000.

[MIT 97]   J. Mitchell, M. Mitchell and U. Stern, "Automated analysis of cryptographic protocols using Murphi ," Proceding of the IEEE Symposium on Security and Privacy, IEEE Computer Society Press, pp. 141–151, May 1997.

[MRT08]   A. Mitrokotsa, M. Rieback, and A.S. Tanenbaum, "Classification of RFID Attacks," Proc. Int'l Workshop on RFID Technology, pp. 73-86, 2008.

[Zal07]   E. Zalinescu, "Sécurité des protocoles cryptographiques: décidabilité et résultats de transfert," Thèse de Doctorat en Informatique, Université Henri Poincaré – Nancy 1, 2007

[NS78]   R. Needham and M. Schroeder, "Using encryption for authentification in large networks of computers," Communications of the ACM, vol. 1(12), pp.993–999, 1978.

[Pau98]   L.C. Paulson. "The inductive approach to verifying cryptographic protocols," Journal of Computer Security, vol. 6, n° 1–2, pp. 85–128, 1998.

[PP03]   D.H Phan and D. Pointcheval, "Une comparaison entre deux méthodes de preuve de sécurité," Conférence Internationale RIVF'03, Hanoi, Vietnam, Février 2003

[RFI]   Radio-Frequency-Identific@tion, "Frequencies for RFID-systems. Available," http://www.rfid-handbook.com

[RKKW05]   K. Rhee, J. Kwak, S. Kim, D. Won, "Challenge-response based RFID authentication protocol for distributed database environment," In: Hutter, D., Ullmann, M. (eds.) SPC 2005. LNCS, vol. 3450, 70–84. Springer, Heidelberg, 2005.

[RSG+00]   P. Ryan, S. Schneider, M. Goldsmith, G. Lowe, A. Roscoe, "The modelling and analysis of security protocols," the CSP approach, Addison-Wesley, 2000.

[Rus06]   M. Rusinowitch. "AVISPA Un outil efficace pour détecter les failles," La Lettre du LORIA, No 20, p.p. 3, Septembre 2006, available at : http://qsl.loria.fr/commun/lettreduloria.pdf

[Sch97]   S. Schneider, "Verifying authentication protocols with CSP," In PCSFW : Proceedings of The 10th Computer Security Foundations Workshop (CSFW 97) , IEEE Computer Society Press, 1997.

[Son 99]   D. X. Song, "Athena : A New Efficient Automatic Checker for Security Protocol Analysis," Proc. of the 12th Computer Security Foundations Workshop (CSFW'99), IEEE Computer Society Press, June 1999.

[SS07]   P. Sood, and T. Sadek, "RFID – Applications Based Approach to Policy," In 29th International conference of data protection and privacy commissioners, Office of the Privacy Commissioner of Canada. pp. 6-42, 2007.

[STW99]   M. Steiner, G. Tsudik, and M. Waidner. "Key agreement in dynamic peer groups," Technical report, Information Sciences Institute, January 1999.

[Tea06]   AVISPA team, "HLPSL Tutorial The Beginner's Guide to Modelling and Analysing Internet Security Protocols," Technical report, AVISPA project, 2006.

[TL06]   B. Toiruul, and K. Lee, "An Advanced Mutual-Authentication Algorithm Using AES for RFID Systems," IJCSNS International Journal of Computer Science and Network Security, vol. 6 (9B), pp. 156-162, 2006.

[Tsu06]   G. Tsudik, YA-TRAP: "Yet Another Trivial RFID Authentication Protocol," Proceedings of the 4th annual IEEE international conference on Pervasive Computing and Communications Workshops, p.p. 640, 2009.

[Ver]   Verchip corporation: http://www.verichipcorp.com/

[Wei99]   C. Weidenbach, "Towards an automatic analysis of security protocols in first-order logic," In: 16th International Conference on Automated Deduction (CADE-16), ed. H. Ganzinger, Lecture Notes in Artificial Intelligence, volume 1632, pp. 314–328, Trento, Italy, juillet 1999, Springer.

[Weis03]   S.A. Weis, "Security and Privacy in Radio-Frequency Identification Devices," Master's Thesis, Massachusetts Institute of Technology, May 2003.

[WSRE03]   S. Weis, S. Sarma, R. Rivest, and D. Engels. "Security and privacy aspects of low-cost radio frequency identification systems," In D. Hutter, G. Muller, W. Stephan, and M. Ullmann, editors, International Conference on Security in Pervasive Computing – SPC 2003, vol. 2802 of LNCS, pp.454–469, Boppard, Germany, Springer-Verlag, March 2003.

WSRE06   S.A. Weis, S. Sarma, R. Rivest, and D. Engels, "Security and Privacy Aspects of Low-Cost Radio Frequency Identification Systems," In Security in Pervasive Computing, pp. 201-212, 2004.

[Yoh06]   B. Yohan. "Approximations pour la vérification automatique de protocoles de sécurité," Thèse de doctorat. Université de Franche-Comté, 2006.

[Yuk04]   K. Yüksel, "Universal Hashing for Ultra-Low-Power Cryptographic Hardware Applications," Master's. Thesis, Department of Electronical Engineering, Worcester Polytechnic Institute, 2004.

Annexe A : Spécification du protocole FDW (Question/Réponse) :

```
role reader ( R,T: agent,K: symmetric_key, Snd,Rec: channel(dy))
    played_by R
    def=
      local  State : nat, Nr : text
               init State := 0
      transition
       1. State = 0
          /\ Rec(start)  =|>  State' := 1 /\ Nr' := new()  /\ Snd(Nr')

       2. State = 1 /\ Rec({Nr'}_K) =|>  State' := 2
             /\ request(R,T,auth_tag,{Nr'}_K)
      end role

    role tag ( T,R: agent,K: symmetric_key, Snd,Rec: channel(dy))
    played_by T     def=
      local  State  : nat, Nr : text
      const sec_k : protocol_id
      init State := 0
      transition

       1. State = 0 /\ Rec(Nr') =|> State' := 1 /\ Snd({Nr'}_K)
          /\ witness(T,R,auth_tag,{Nr'}_K)
          /\ secret(K,sec_k,{R,T})
    end role

   role session(T,R : agent,K : symmetric_key) def=
local St,Rt,Sr,Rr : channel(dy)
composition

tag(T,R,K,St,Rt)/\ reader(R,T,K,Sr,Rr)

end role

role environment() def=
const t,t1, r : agent, k,k1 : symmetric_key, auth_tag :protocol_id

intruder_knowledge = {t,t1,r}

composition
session(t,r,k) /\ session(t1,r,k1)

end role

    goal

     secrecy_of sec_k
    %  reader authenticates tag
      authentication_on auth_tag

    end goal

    environment()
```

Annexe B : Spécification du protocole FDW (Mutuelle) :

```
role reader ( R,T: agent, K: symmetric_key, SND,REC: channel(dy))
  played_by R  def=  local  State  : nat, Nr, Nt : text
    const sec_N1 : protocol_id
    init State := 0
    transition
      1. State = 0  /\ REC(start)   =|>  State' := 1  /\ Nr' := new()
      /\ SND(Nr')  /\ witness(R,T,aut_reader,Nr')
      2. State = 1  /\ REC({Nt'}_K)  =|>  State' := 2
      /\  SND({Nt'.Nr}_K)  /\ secret(Nt',sec_N1,{R,T})
      /\ request(R,T,aut_tag,Nt')
    end role

role tag ( T,R: agent,K: symmetric_key, SND,REC: channel(dy))
  played_by T     def=
      local  State  : nat, Nt,Nr  : text
      const sec_N2 : protocol_id
      init State := 0
      transition
      1. State = 0  /\ REC(Nr')   =|>   State' := 1  /\ Nt' := new()
      /\ SND({Nr'.Nt'}_K)
      /\ secret(Nt',sec_N2,{T,R})      /\ witness(T,R,aut_tag,Nt')
      2. State = 1 /\ REC({Nt.Nr}_K) =|> State' := 2
      /\ request(T,R,aut_reader,Nr)
    end role

role session(T,R : agent,K : symmetric_key) def=
  local St,Rt,Sr,Rr : channel(dy)
  composition
  tag(T,R,K,St,Rt) /\ reader(R,T,K,Sr,Rr)
end role

role environment() def=
   const t1,t2,r : agent, k1,k2 : symmetric_key,
   aut_tag, aut_reader :protocol_id
   intruder_knowledge = {t1,t2,r}
   composition
   session(t1,r,k1) /\ session(t2,r,k2)
end role
goal
     secrecy_of sec_N2 , sec_N1
       authentication_on aut_reader
       authentication_on aut_tag
end goal
 environment()
```

Annexe C : Spécification du protocole RHLS:

```
role tag ( T,R: agent,ID: text, H: hash_func, Snd,Rec: channel(dy))
played_by T
def=
  local  State           : nat,
         Nt              : text
  const sec_ID : protocol_id
  init State := 0
  transition
   1. State = 0
      /\ Rec(start)
      =|>
      State' := 1
      /\ Nt' := new()
      /\ Snd(Nt'.H(Nt'.ID))
    /\ witness(T,R,auth_tag,Nt')
    /\ secret(ID,sec_ID,{T,R})
  end role

role reader ( R,T: agent,ID: text,H: hash_func, Snd,Rec: channel(dy))
played_by R
def=
  local  State              : nat,
         Nt                 : text
  init State := 0
  transition
   1. State = 0
      /\ Rec(Nt'.H(Nt'.ID))
      =|>
      State' := 1
    /\ request(R,T,auth_tag,Nt')
  end role

   role session(T,R : agent,ID : text, H: hash_func)
def=
local St,Rt,Sr,Rr : channel(dy)
composition
tag(T,R,ID,H,St,Rt)
/\ reader(R,T,ID,H,Sr,Rr)
end role

role environment() def=
const t1,t2, r : agent,
id1, id2 : text,
h: hash_func,
auth_tag :protocol_id
intruder_knowledge = {t1,t2,r,h}
composition
session(t1,r,id1,h)
/\ session(t2,r,id2,h)
end role

    goal
    authentication_on auth_tag
    secrecy_of sec_ID
    end goal

    environment()
```

Annexe D: Spécification du protocole HMNB:

```
role reader ( R,T: agent, ID : text,H : hash_func, Snd,Rec: channel(dy))
   played_by R       def=
     local   State : nat, Nr, Nt : text, IDP: hash(text)
     const sec_IDP : protocol_id
     init State := 0
     transition
       1. State = 0 /\ Rec(start) =|>  State' := 1 /\ Nr' := new()
          /\ Snd(Nr') /\ witness(R,T,aut_reader,Nr')

       2. State = 1 /\ Rec(Nt'.H(ID)) =|>  State' := 2 /\ IDP' :=ID
          /\ ID' :=H(ID.Nr) /\ Snd(H(IDP'.Nt'))
          /\ secret(IDP',sec_IDP,{R,T}) /\ request(R,T,aut_tag,Nt')

     end role

 role tag ( T,R: agent,ID : text, hash_func, Snd,Rec: channel(dy))    played_by
T
    def= local   State : nat, Nt, Nr : text, IDP: hash(text)
  const sec_ID : protocol_id
init State := 0
     transition
       1. State = 0 /\ Rec(Nr')    =|> State' := 1 /\ Nt' := new() /\
Snd(Nt'.H(ID))
          /\ IDP' :=ID /\ secret(ID,sec_ID,{T,R})   /\ witness(T,R,aut_tag,Nt')
       2. State = 1 /\ Rec(H(IDP.Nt)) =|>  State' := 2 /\ ID' := H(ID.Nr)
          /\ request(T,R,aut_reader,Nr)

     end role

 role session(T,R : agent,ID : text, H : hash_func) def= local St,Rt,Sr,Rr :
channel(dy)

composition

tag(T,R,ID,H,St,Rt) /\ reader(R,T,ID,H,Sr,Rr)

end role

role environment() def=

const t,t2,r : agent, id,id2 : text, h : hash_func, aut_tag, aut_reader :
protocol_id

intruder_knowledge = {t,r,h}

composition
session(t,r,id,h) /\ session(t2,r,id2,h)
end role

   goal

   secrecy_of sec_ID , sec_IDP
 %  reader authenticates tag on aut_tag
   authentication_on aut_tag
 % tag authenticates reader on aut_reader
authentication_on aut_reader
   end goal

   environment()
```

Annexe E: Spécification du protocole CRAP:

```
role reader ( R,T: agent,ID: text, H : hash_func,  Snd,Rec: channel(dy))
    played_by R
    def=
      local  State  : nat, Nr, Nt : text
      const sec_ID2 : protocol_id
      init State := 0
      transition
        1. State = 0 /\ Rec(start)  =|>  State' := 1 /\ Nr' := new()  /\
Snd(Nr')
           /\ witness(R,T,aut_reader,Nr')
        2. State = 1 /\ Rec(H(ID.Nr.Nt').Nt')  =|>  State' := 2
           /\ Snd(H(ID.Nt')) /\ request(R,T,aut_tag,Nt')
           /\ secret(ID,sec_ID2,{R,T})
end role

role tag ( T,R: agent,ID: text, H : hash_func, Snd,Rec: channel(dy))
    played_by T
    def=
      local  State: nat, Nr,Nt : text
      const sec_ID1 : protocol_id
      init State := 0

      transition
        1. State = 0  /\ Rec(Nr') =|> State' := 1 /\ Nt' := new()
         /\ Snd(H(ID.Nr'.Nt').Nt') /\ witness(T,R,aut_tag,Nt')
         /\ secret(ID,sec_ID1,{T,R})
        2. State = 1 /\ Rec(H(ID.Nt))  =|> State' := 2 /\
request(T,R,aut_reader,Nr)
    end role

role session(T,R : agent, ID : text,H : hash_func,Se,Re : channel(dy)) def=
  const aut_tag, aut_reader : protocol_id
  composition

  tag(T,R,ID,H,Se,Re) /\ reader(R,T,ID,H,Se,Re)

end role

role environment() def=
local Ra,Rs,Sa,Ss : channel(dy)
const t1,t2,r : agent, id1,id2 : text, h : hash_func

intruder_knowledge = {t1,t2,r,h}

composition
session(t1,r,id1,h,Sa,Ra) /\ session(t2,r,id2,h,Ss,Rs)
end role

    goal
      secrecy_of sec_ID1, sec_ID2
       authentication_on aut_tag
       authentication_on aut_reader
      end goal

    environment()
```

Annexe F: Spécification du protocole LAK:

```
role reader ( R,T: agent, K: symmetric_key, H : hash_func, Snd,Rec:
channel(dy))
    played_by R
    def=
    local  State            : nat,
    Nr, Nt              : text
    const sec_k1 : protocol_id
    init State := 0
    transition
    1. State = 0  /\ Rec(start)   =|> State' := 1 /\ Nr' := new()   /\ Snd(Nr')
/\ witness(R,T,aut_reader,Nr')
    2. State = 1  /\ Rec(Nt'.H(xor(xor(Nr,Nt'),K)))
    =|> State' := 2   /\ Snd(H(xor(xor(H(xor(xor(Nr,Nt'),K)),K),Nr)))
    /\ request(R,T,aut_tag,Nt') /\ secret(K,sec_k1,{R,T})
end role

role tag ( T,R: agent, K : symmetric_key, H : hash_func,Snd,Rec: channel(dy))
    played_by T
    def=
    local  State                : nat,
    Nt, Nr                  : text
 const sec_k2 : protocol_id
    init State := 0
    transition
    1. State = 0 /\ Rec(Nr')   =|>   State' := 1   /\ Nt' := new()
    /\ Snd(Nt'.H(xor(xor(Nr',Nt'),K))) /\ witness(T,R,aut_tag,Nt')
    /\ secret(K,sec_k2,{T,R})
    2. State = 1 /\ Rec(H(xor(xor(H(xor(xor(Nr,Nt),K)),K),Nr)))
    =|> State' := 2 /\ request(T,R,aut_reader,Nr)
end role

role session(R,T : agent,K : symmetric_key, H: hash_func)
def=
  local Sa,Ra,Sb,Rb : channel(dy)
    composition
    reader(R,T,K,H,Sa,Ra) /\  tag(T,R,K,H,Sb,Rb)
end role

role environment() def=
const r,t,t1 : agent,
    k: symmetric_key,
    h: hash_func,
    aut_reader, aut_tag : protocol_id
    intruder_knowledge = {r,t,t1,h}
    composition
    session(r,t,k,h)
    /\  session(r,t1,k,h)
end role


goal
 secrecy_of sec_k1, sec_k2
  authentication_on aut_reader
  authentication_on aut_tag
end goal

environment()
```

Annexe G: Spécification du protocole LRMAP:

```
    role reader ( R,T: agent, ID : text, H,L,Rgt : hash_func,Snd,Rec:
channel(dy))
    played_by R
    def=
      local   State : nat, Nr,Nt : text, IDP: hash(text)
const sec_IDP : protocol_id
  init State := 0

      transition
       1. State = 0 /\ Rec(start) =|>  State' := 1 /\ Nr' := new()  /\ Snd(Nr')
         /\ witness(R,T,aut_reader,Nr')

       2. State = 1 /\ Rec(H(ID).L(H(ID.Nt'.Nr')).Nt') =|>  State' := 2
          /\ IDP' :=ID /\ ID' :=H(ID.Nt'.Nr)
          /\ Snd(Rgt(H(IDP'.Nt'.Nr))) /\ secret(IDP',sec_IDP,{R,T})
          /\ request(R,T,aut_tag,Nt')

    end role
%%%%%%%%%%%%%%%%%%%%%%%%%%%%%%%%%%%%%%%%%%%%%%%%%%%%%%%%%%%%%%
    role tag ( T,R: agent,ID : text,L,Rgt : hash_func, Snd,Rec: channel(dy))
    played_by T
    def=
      local  State : nat, Nt, Nr : text, IDP: hash(text)
  const sec_ID : protocol_id
 init State := 0
      transition
       1. State = 0 /\ Rec(Nr')  =|> State' := 1 /\ Nt' := new()
         /\ Snd(H(ID).L(H(ID.Nt'.Nr')).Nt') /\ IDP' :=ID
         /\ secret(ID,sec_ID,{T,R}) /\ witness(T,R,aut_tag,Nt')
       2. State = 1 /\ Rec(Rgt(H(IDP.Nt.Nr))) =|>   State' := 2
         /\ ID' := H(ID.Nt.Nr) /\ request(T,R,aut_reader,Nr)

    end role
%%%%%%%%%%%%%%%%%%%%%%%%%%%%%%%%%%%%%%%%%%%%%%%%%%%%%%%%%%%%%%
    role session(T,R : agent,ID : text,H,L,Rgt : hash_func) def=
local St,Rt,Sr,Rr : channel(dy)
composition
tag(T,R,ID,H,L,Rgt,St,Rt)
/\ reader(R,T,ID,H,L,Rgt,Sr,Rr)
end role

role environment() def=
const t,t2,r : agent,id,id2 : text, h,l,rgt : hash_func,
aut_tag, aut_reader : protocol_id
intruder_knowledge = {t,t2,r,h,l,rgt}
composition
session(t,r,id,h,l,rgt)
/\ session(t2,r,id2,h,l,rgt)
end role
    goal
    secrecy_of sec_ID , sec_IDP
  %  reader authenticates tag on aut_tag
    authentication_on aut_tag
  %  tag authenticates reader on aut_reader
  authentication_on aut_reader
    end goal

    environment()
```

Annexe H: Spécification du protocole CH:

```
role reader ( R,T: agent,ID : text, K: symmetric_key, G,Right,Left,Rot :
hash_func, Snd,Rec: channel(dy))
    played_by R
    def=
    local  State : nat, Nr, Nt : text
const sec_k1, sec_id1 : protocol_id
    init State := 0
    transition
    1. State = 0 /\ Rec(start)   =|>  State' := 1
    /\ Nr' := new()   /\ Snd(Nr')
    /\ witness(R,T,aut_reader,Nr')
    2. State = 1  /\ Rec(Nt'.Left(xor(Rot(ID),G(xor(xor(Nr,Nt'),K)))))
    =|> State' := 2   /\ Snd(Right(xor(Rot(ID),G(xor(xor(Nr,Nt'),K)))))
    /\ request(R,T,aut_tag,Nt')
    /\ secret(K,sec_k1,{R,T})  /\ secret(ID,sec_id1,{R,T})
end role
role tag ( T,R: agent, ID : text,K: symmetric_key, G,Right,Left,Rot :
hash_func,Snd,Rec: channel(dy))
    played_by T
    def=
    local  State : nat, Nt, Nr : text
   const sec_k2,sec_id2 : protocol_id
    init State := 0
    transition
    1. State = 0 /\ Rec(Nr')   =|>   State' := 1   /\ Nt' := new()
    /\ Snd(Nt'.Left(xor(Rot(ID),G(xor(xor(Nr',Nt'),K)))) )
    /\ secret(K,sec_k2,{T,R})  /\ secret(ID,sec_id2,{T,R})
    /\ witness(T,R,aut_tag,Nt')
    2. State = 1
    /\ Rec(Right(xor(Rot(ID),G(xor(xor(Nr,Nt),K)))))
    =|>
    State' := 2 /\ request(T,R,aut_reader,Nr)
end role
role session(R,T : agent,ID : text,K : symmetric_key, G,Right,Left,Rot:
hash_func)
def=
  local Sa,Ra,Sb,Rb : channel(dy)
    composition
    reader(R,T,ID,K,G,Right,Left,Rot,Sa,Ra) /\
tag(T,R,ID,K,G,Right,Left,Rot,Sb,Rb)
end role
role environment() def=
const r,t,t1 : agent, k: symmetric_key, id,id1 : text,
    g,left,right,rot: hash_func,
    aut_reader, aut_tag : protocol_id
    intruder_knowledge = {r,t,t1,g,left,right,rot}
    composition
    session(r,t,id,k,g,left,right,rot)
/\  session(r,t1,id1,k,g,left,right,rot)
end role

    goal
    secrecy_of sec_k1, sec_k2, sec_id1, sec_id2
      authentication_on aut_reader
      authentication_on aut_tag
    end goal
    environment()
```

ÉDITIONS
UNIVERSITAIRES
EUROPÉENNES

Une maison d'édition scientifique

vous propose

la publication gratuite

de vos articles, de vos travaux de fin d'études, de vos mémoires de master, de vos thèses ainsi que de vos monographies scientifiques.

Vous êtes l'auteur d'une thèse exigeante sur le plan du contenu comme de la forme et vous êtes intéressé par l'édition rémunérée de vos travaux? Alors envoyez-nous un email avec quelques informations sur vous et vos recherches à: info@editions-ue.com.

Notre service d'édition vous contactera dans les plus brefs délais.

Éditions universitaires européennes
est une marque déposée de
Südwestdeutscher Verlag für
Hochschulschriften GmbH & Co. KG
Dudweiler Landstraße 99
66123 Sarrebruck
Allemagne

Téléphone : +49 (0) 681 37 20 271-1
Fax : +49 (0) 681 37 20 271-0
Email : info[at]editions-ue.com
www.editions-ue.com